Herderbücherei

Band 8815

D1829824

Über das Buch

Bischof Erwin Kräutler, dessen Diözese die flächenmäßig größte Brasiliens ist, beschreibt in diesem Buch in beeindrukkender, bewegender Weise seine Arbeit als „Wanderbischof" im Amazonasgebiet. Sein besonderer Einsatz gilt den existentiell bedrohten Indianervölkern: „Mein Leben kann ich mit dem Amazonas vergleichen – Ruhe und Sturm, Ebbe und Flut. Ich bin traurig und fröhlich, bedrückt und dann wieder beglückt über so manche Veränderung... Ich spüre die Ohnmacht angesichts so vieler Ungerechtigkeiten und bin empört über all die Ausbeutung und Plünderung der Menschen und ihrer Mit-Welt. Dann wieder begeistert mich diese und jene Initiative, die bezeugt: Das Reich Gottes beginnt hier und jetzt! ... Vielleicht suchen Sie in diesem Buch eine Antwort auf manch eine Ihrer Fragen, genauso wie ich nach einer Antwort suche auf die Herausforderungen meines Alltags und das Kreuz des Volkes Gottes am Xingu und Amazonas."

Der Autor

Bischof Erwin Kräutler, Dr. h. c., geboren 1939 in Koblach / Vorarlberg, Studium der Theologie und Philosophie in Salzburg; 1965 ging er als „Wandermissionar" nach Brasilien, 1981 Bischof, 1983 Präsident des Indianer-Missionsrates der Brasilianischen Bischofskonferenz. Träger mehrerer Auszeichnungen. – In Folge erscheint ein zweites Buch von ihm bei Herder: „Die Nacht ist noch nicht vorüber – Der Indianerbischof vom Amazonas klagt an".

Erwin Kräutler

Mein Leben ist wie der Amazonas

Aus dem Tagebuch eines Bischofs

Herder
Freiburg · Basel · Wien

Titel der Originalausgabe:
Erwin Kräutler, Mein Leben ist wie der Amazonas.
© Otto Müller Verlag, Salzburg 1992

Alle Rechte vorbehalten – Printed in Germany
© dieser Ausgabe Verlag Herder Freiburg im Breisgau 1994
Herstellung: Freiburger Graphische Betriebe 1993
Umschlagmotiv: © KNA-Bild, Frankfurt/M.
ISBN 3-451-08815-0

INHALT

Mein Leben ist wie der Amazonas.

Der Amazonas ist längst ein Symbol für mein Leben. Er fließt stundenlang ruhig dahin. Plötzlich, wie ein Blitz aus heiterem Himmel, ein schrecklicher Sturm, der die Wellen haushoch emporpeitscht. Dann jeden Tag, Ebbe und Flut. Die Gezeiten des Meeres überwältigen den wasserreichsten Strom der Erde und noch Hunderte Kilometer von seiner Mündung in den Atlantischen Ozean entfernt sind sie zu spüren, bis hinauf in die unzähligen Nebenflüsse.

Ich bin Bischof im Amazonasgebiet und die Prälatur ist nach dem Xingu benannt, einem der größten Nebenflüsse des „Rio-Mar", wie der Amazonas auch im Volksmund genannt wird. Kurz vôr Weihnachten 1965 bin ich in Altamira angekommen. Seit 1980 stehe ich dem flächenmäßig größten Bistum Brasiliens vor. Jede der zehn Pfarren im Diözesangebiet hat zwischen dreißig und neunzig Basisgemeinden. In Europa entsprächen die meisten dieser Pfarren einer Diözese. In den zwanzig Indianerdörfern wohnt die Urbevölkerung des Xingu-Tales: Kaiapó, Asurini, Araweté, Parakaná, Xikrin, Arara.

Als Bischof habe ich „keine bleibende Stätte". Ich bin viel unterwegs, ziehe von Ort zu Ort, besuche die Gemeinden, höre mich „heiser", versuche die pastorale Arbeit zu koordinieren, sorge mich um die Verwaltung, bemühe mich um das geschwisterliche Gespräch, mache Mut, gebe Denkanstöße und ziehe Schlußfolgerungen. Ich bin unterwegs, mit dem pilgernden Volk Gottes am Xingu und Amazonas. Ich leide, glaube und hoffe mit diesen Menschen. Ich liebe dieses Volk.

Aber wie geht es mir dabei?

Mein Leben kann ich mit dem Amazonas vergleichen:

Ruhe und Sturm, Ebbe und Flut. Ich bin traurig und fröhlich, bedrückt und dann wieder glücklich über so manche Veränderung. Wenn auch kleine Erfolge, sind es immer Lichtblicke. Ich spüre die Ohnmacht angesichts so vieler Ungerechtigkeit und bin empört über all die Ausbeutung und Plünderung der Menschen und ihrer Mit-Welt. Dann wieder begeistert mich diese und jene Initiative, die bezeugt: Das Reich Gottes beginnt hier und jetzt!

Alle diese Eindrücke überwältigen mich. Kein Tag gleicht dem anderen. Immer wieder stoße ich auf neue Erfahrungen und auf meine Grenzen.

Inmitten der Armen hat mich im Juni 1983 die Militärpolizei herausgegriffen, zu Boden geschlagen und verhaftet, weil ich mich den Protesten der Zuckerrohrpflanzer angeschlossen habe. Neun Monate wurde den Arbeitern die Bezahlung ihrer Ernte verweigert. Die Blockade der Transamazônica war der letzte Ausdruck ihrer allgemeinen Empörung über die Mißstände. Es gab keine andere Möglichkeit mehr, die Forderungen einzuklagen. Fotos von meiner Festnahme gingen damals durch viele Medien. Die Welt wurde auf die Situation am Xingu aufmerksam.

Wenige Wochen später wählte mich die Generalversammlung des Indianermissionsrates (CIMI) der Brasilianischen Bischofskonferenz zum Präsidenten der Organisation. Noch stärker erfuhr ich die Bedeutung der mit-leidenden Dimension der Solidarität und spürte hautnah, was es heißt, sich für die Armen und die kulturell Anderen einzusetzen.

Gefälschte Protokolle und Unterschriften, Lügen und Unterstellungen in den Medien waren die Spitze einer großangelegten Verleumdungskampagne. Den Hetzartikeln in den Zeitungen folgte ein inszenierter Verkehrsunfall. Nur knapp entging ich 1987 einem Zusammenstoß mit einem Lastwagen. Man erwischte den Falschen! Ein Mitbruder starb für mich, an meiner Seite. Das Unfallprotokoll vermodert längst in den Schubladen.

Mit dem Hl. Paulus kann ich ausrufen: „Von allen Seiten werden wir in die Enge getrieben und finden doch noch Raum; wir wissen weder aus noch ein und verzweifeln dennoch nicht; wir werden gehetzt und sind doch nicht verlassen; wir werden niedergestreckt und doch nicht vernichtet" (2 Kor 4,8-9).

Ich habe Leid am eigenen Leib erfahren. Viel mehr aber bin ich tagtäglich mit dem Schmerz, der Not, dem Elend, der Unterdrückung und Ausbeutung meines Volkes konfrontiert.

Ich kann und darf nicht länger schweigen und es drängt mich, all dieses Unrecht beim Namen zu nennen, den Protest und die Anklagen über die Grenzen Brasiliens hinauszuschreien.

Im Rampenlicht zu stehen, behagte mir nie! Es ist mir bewußt, daß mein Einsatz immer Kritik auslöst. Wer mich jedoch kennt, weiß, daß ich meine Ansichten, die aus Erfahrung und Schmerz gewachsen sind, mit Überzeugung vertrete. Auch noch so harte Anfeindungen oder Urteile, ich sei ein „Revolutionär aus der Buschhütte" oder naiver Träumer, können mich nicht einschüchtern.

Vor einigen Jahren habe ich begonnen, Eindrücke, Begebenheiten und Erlebnisse festzuhalten. Während der Reisen machte ich kurze Notizen und nützte manche Wartezeit, um diese Gedanken weiterzuführen. Oft und oft geschah das zu später Nacht, die einzigen Stunden, die mir verbleiben, Rückschau zu halten und mich zu sammeln, um all diese Erfahrungen aufzuschreiben.

Bald werden es an die tausend handgeschriebene Seiten sein. Einige davon habe ich für Sie, liebe Leserin, lieber

Leser ausgewählt, um Sie hineinzunehmen in ein Stück meines Lebens, in das, was mich bedrückt und erfreut. Sicher ist es für Sie etwas ungewohnt, ganz persönliche Erfahrungen und Empfindungen eines Bischofs zu lesen. Aber ich denke, Sie bekommen einen kleinen Einblick in meinen Alltag, meine Arbeit und die erdrückende Realität, in der die Menschen hier leben.

All diese Ereignisse sind nicht in schöne Worte gehüllt. Ich wollte offen, geradeheraus und aufrichtig schreiben, ohne Verbrämung und Schönfärberei. Immer wieder werden Sie meine Ohnmacht und mein Aufbegehren spüren.

Vielleicht suchen Sie in diesem Buch eine Antwort auf manch eine Ihrer Fragen, genauso wie ich nach einer Antwort suche auf die Herausforderungen meines Alltags und das Kreuz des Volkes Gottes am Xingu und Amazonas.

Altamira, Pfingsten 1992

PRELATUR von XINGU
Fläche 332.541 Km²
Einwohner 400.000
HABANA
CARACAS
BOGOTA
Amazonas
Rio Xingu
BELEM
Salvador
LIMA
BRASILIA
LA PAZ
Rio de Janeiro
SANTIAGO
BUENOS AIRES
Falkland Islands

Der tote Christus von Aricari.

Ich bin im nördlichen Teil der Diözese unterwegs und besuche die Gemeinden am Unteren Xingu, die nur auf dem Flußweg erreichbar sind. Der Hafenort Vitória ist Ausgangspunkt der Reise.

Vorgestern kam ich nach Souzel. Die Fahrt dauerte zweieinhalb Stunden. Der Xingu ist jetzt, während der Trockenzeit, an manchen Stellen so seicht, daß der Steuermann seine liebe Not hat, die Route zu finden und nicht auf eine Sandbank aufzulaufen oder gar zu stranden. Gott sei Dank ging alles ohne Zwischenfälle, nur einmal streifte der Schiffsrumpf eine Sandbank. Souzel ist eine verhältnismäßig alte Stadt und die Jesuiten gründeten eine Pfarrei, die dem Hl. Franz Xaver geweiht ist. Die Indianer, die zuvor als Jäger und Sammler durch die Gegend zogen, wurden seßhaft und errichteten am gegenüberliegenden Ufer ihr Dorf mit dem Namen Aricari. Patres kümmerten sich verständnisvoll und behutsam um das Gemeindeleben. Die Jesuiten, bekannt für ihren vorbehaltlosen Einsatz für die Rechte der Indianer, ereilte hier dasselbe Schicksal wie in anderen Gemeinden. Sie wurden vertrieben! Ohne ihre Obsorge machten sich Armut und Not unter den Indianern breit. Wem würde in diesem Zusammenhang wohl nicht der Film „The Mission" oder die aufrüttelnden Predigten des Pater Antônio Vieira in den Sinn kommen?

Der Jesuit Antônio Vieira war einer der ersten Missionare im Amazonasgebiet. Weil er sich dem ausbeutenden System der portugiesischen Kolonialherren widersetzte, wurde er am 17. Juli 1661 in Belém festgenommen und in der Kapelle Johannes der Täufer unter Hausarrest gestellt. Um seinen Einfluß zu brechen, hat man ihn schließlich nach Lissabon ausgewiesen. Am Epiphanietag 1662 hielt er dann, vor versammeltem portugiesischem Hof, jene berühmte Predigt, die noch heute ihre Gültigkeit hat.

Pater Vieira klagt an: „Man möchte, daß wir die Eingeborenen zum Glauben bringen und sie dann der Gier überlassen; man möchte, daß wir die Schafe zur Herde bringen und sie dann dem Hackbeil überlassen; man möchte, daß wir die Könige zu Christus bringen und sie dann Herodes überlassen. Und da wir diese Sinnlosigkeit aufgedeckt haben, sind wir die Törichten; da wir uns dieser Ungerechtigkeiten widersetzten, sind wir die Ungerechten; da wir uns gegen solcherlei Herzlosigkeit wehren, sind wir die Ruchlosen. Man möchte den Dienern des Evangeliums lediglich das Heil der Seelen anvertrauen und will, daß die Hörigkeit und Knechtschaft des Leibes Sache der Staatsdiener sei. Diese Wege und Sorgen zu trennen, heißt weder Sorgen noch Wege zu wollen. Die Seele vom Leib trennen, heißt töten und die beiden Sorgen auseinanderzureißen, heißt zerstören. Deshalb sind in so wenigen Jahren so viele Gegenden zerstört und entvölkert worden; von so zahlreichen Dörfern, von denen nur noch die Namen geblieben sind, sieht man heute nichts mehr als Ruinen und Friedhöfe".

Die Jesuiten, als „notorische Rebellen, Verräter, Widersacher und Aggressoren" bezeichnet, wurden völlig isoliert. Mündliche oder schriftliche Verständigung mit ihnen war unter Androhung der Todesstrafe untersagt. Sie wurden verurteilt, ohne angehört zu werden, gefangen und mundtot gemacht und jeglichen Rechtes der Verteidigung beraubt. Zunächst traf dieses Los einzelne Missionare.

Marques de Pombal ordnete jedoch mit dem Gesetz vom 3. September 1759 die generelle Ausweisung aller Jesuiten an.

Es war ein brutaler Rückschlag für die durch Jahrzehnte geleistete Arbeit bei den Indianern. Alleingelassen und ohne Verteidiger ihrer Rechte waren sie eine leichte Beute für die Kolonialherren. Sie wurden unterdrückt und ausgebeutet und wer sich der Versklavung widersetzte, wurde erschlagen. Unzählige Menschen fielen der Gier und den Interessen der Machthaber zum Opfer. Ganze Völker verschwanden vom Erdboden.

Heute noch laden die kleinen Glocken aus der Jesuitenzeit zum Gebet und zu Versammlungen ein. Die wunderschöne, kunstvolle Figur des „Senhor Morto de Aricari", auch aus jener Epoche, wird jeden Karfreitag in Prozession durch die Straßen der Stadt getragen. Dieser Ausdruck einer innigen Volksfrömmigkeit hat indianische Wurzeln. Die koloniale Machtausübung, mit all ihren grausamen Auswüchsen, war nicht imstande, eine so tiefempfundene Religiosität zu zerstören. Ist nicht der tote Christus, der mit solcher Anteilnahme verehrt wird, ein Symbol für den Tod der Indianer? Wann wird für sie Auferstehung sein?

Es wird erzählt, daß die überlebenden Indianer jeden Freitag diese Prozession hielten, noch Jahrzehnte nachdem die Jesuiten längst verbannt waren. Auch ohne Priester ging die Gemeindearbeit weiter und es gab schon damals eine Basisgemeinde, die von Laien geleitet wurde.

Nachdem sich die portugiesischen Herrscher „erfolgreich" gegen die Jesuiten durchgesetzt hatten, änderten sie den Namen des Ortes zum ersten Mal. Um ein für alle Mal jede Erinnerung an den indianischen Ursprung dieser Gemeinde auszulöschen, wurde der Name „Souzel" gewählt, nach einem Ort in Portugal.

Abermals wendet sich das Blatt der Geschichte. Es kam José Porfírio, ein späterer Senator, für den es in seinem

Heimatstaat Bahia nichts mehr zu holen gab und nahm am Xingu-Ufer riesige Ländereien in Besitz. Diesem gierigen Landbesetzer „zu Ehren“ verlor der Ort vor einigen Jahrzehnten nochmals den Namen und ist jetzt auf der Landkarte unter „Senador José Porfírio“ zu finden.

Bei meiner Ankunft gibt es beim Landesteg ein großes Gedränge. Die meisten der Frauen und Männer kenne ich. Auch viele Kinder sind da, um mich zu empfangen. Auf einem Transparent, das über die Hauptstraße gespannt ist, steht ein Willkommensgruß.

Ich bedanke mich für den freundlichen Empfang und eine Frau erwidert: „Wir haben dich gern!“ Sie meint, all das sei Ausdruck der Freude über meinen Besuch. Solche Worte tun mir wohl und geben mir Mut.

Gleich mache ich eine Runde durch die Stadt, winke hier und dort, frage, wie es gehe und erkundige mich nach den Neuigkeiten. Die meisten Leute kommen auf die Straße, andere lächeln mir freundlich zu oder rufen aus den Häusern: „Oi, Bispo!“ Anschließend begutachte ich den Bau einer neuen Schule. Der Rohbau wächst, zwölf Klassenzimmer sind vorgesehen. Hoffentlich gibt es dann auch entsprechend viele LehrerInnen, die anständig bezahlt werden. Eine Lehrerin erzählt mir, sie verdiene lediglich umgerechnet 400,– Schilling im Monat. Solche Gehälter sind ja wirklich keine Ermunterung, den Lehrberuf zu ergreifen.

Es wird eine Abendmesse im Freien geben und die Vorbereitungen sind schon in vollem Gange. Ich werde zuvor duschen. Es ist furchtbar heiß und der Schweiß rinnt mir aus allen Poren. Auf dem Platz macht sich jemand an der Lautsprecheranlage zu schaffen. Bisher höre ich nur „Hallo, Hallo“ und zwischendurch ein etwas unangenehmes Pfeifen. Aber dann klappt alles bestens und die abendliche Eucharistiefeier ist gut besucht.

Am anderen Morgen, um acht Uhr, fahren wir von Souzel ab und haben mit unserem Schiffchen, der „Terezinha“, wieder zweieinhalb Stunden Reise vor uns bis zum Tacanaquara, einem rechtsseitigen Nebenfluß des Xingu. Es ist ziemlich windig. Ich bete mein Brevier, aber der Wind blättert immer weiter, ohne daß ich ihn dazu aufgefordert hätte.

Nachher studiere ich ein Dokument der Bischofskonferenz: „Brasilianische Gesellschaft – pastorale Forderungen“, eine Arbeitsunterlage zur Vorbereitung für den Pastoralplan der Jahre 1991 bis 1994. Ein inhaltlich umfassendes Papier, mit wertvollen Daten und Abhandlungen über die gegenwärtige Situation von Gesellschaft und Kirche. Kritisch werden wirtschaftliche und politische Perspektiven beleuchtet und auch die kulturelle Dimension kommt zum Tragen.

Dieser Abschnitt trägt eindeutig die Handschrift meines Freundes Dr. Paulo Suess. Er ist gebürtiger Kölner und Priester der Diözese Augsburg. Ich kenne ihn schon seit Jahren, denn er kam fast zur gleichen Zeit wie ich nach Brasilien. Er ist jetzt Professor für Missionswissenschaft an der Universität São Paulo. Seine praktischen Erfahrungen in der Pastoralarbeit in Juruti, im Bistum Obidos, hat er durch intensive Studien vertieft. Ich kann mit Überzeugung sagen, daß er heute zu den sachkundigsten Theologen auf dem lateinamerikanischen Kontinent gehört. Mit großer Sensibilität und wissenschaftlicher Sorgfalt ist er auf die kulturelle Identität der indianischen Bevölkerung eingegangen und hat theologisch den Begriff des „kulturellen Anders-seins“ untermauert. Während meiner Zeit als Präsident des Indianermissionsrates der Brasilianischen Bischofskonferenz lernte ich seine kompetente Unterstützung und seine Ratschläge als Theologe schätzen und als Freund möchte ich ihn nie mehr missen.

Klar kann ich seinen Gedankengängen folgen, wenn ich etwa den Text über die kulturelle und geschichtliche Entwicklung lese. Das Arbeitspapier ist ein wesentlicher Beitrag zur Diskussion der ganzen Problematik, der wir gegenüber stehen: Konservative und progressive Strömungen in Kirche und Staat, die Rolle des Einzelnen in der Gemeinschaft, die persönliche Identität von Frau und Mann, die sich inmitten festgefahrener, belastender Strukturen behaupten müssen. Auch eine selbstkritische Analyse im Bereich der Familienpastoral bleibt nicht ausgespart. Noch immer werden Sexualität, Ehe und Familie zu oberflächlich und einseitig gesehen, auf die tatsächlich persönlichen Nöte der Frauen und Männer wird viel zu wenig eingegangen.

Die Zeit vergeht rasch und schon biegen wir in den Nebenfluß ein. Zezinho, der Steuermann, läßt das Hupsignal ertönen, um unsere Ankunft anzukündigen.

Auf einer Anhöhe ist die Gemeinde versammelt und empfängt uns: Einfache Bauern, Frauen, Männer und Kinder. Harte Arbeit ist ihr tägliches Brot und dennoch besitzen sie nichts. Was sie wirklich haben, sind Sorgen und Angst. Dauernd werden sie von Großgrundbesitzern bedroht, die es auf ihr Land abgesehen haben und ihre Äcker in Weideflächen umwandeln wollen. Obwohl die Bauern zum Teil seit Jahren diese Felder bestellen, haben sie aus Unkenntnis der Rechtslage versäumt, die entsprechenden Eintragungen ins Grundbuch vornehmen zu lassen. Selbst wenn sie dies wollen, wird es für die kleinen Leute beinahe unmöglich, eine Registrierung durchzusetzen. Wer von ihnen kann sich schon einen Anwalt leisten, der die aufreibenden, monatelangen Behördenwege durchsteht? So wird von öffentlichen Stellen dieses Gebiet als Niemandsland betrachtet, die Großgrundbesitzer nutzen diese Lage zu ihren Gunsten aus.

Auf dem kleinen Stück Land, um das sie ständig bangen müssen, pflanzen sie vor allem Maniok und Reis an. Und wenn sie auch unter großen Mühen im Schweiße ihres Angesichts die Ernte einbringen, bleibt ihnen dennoch kein Gewinn. Die meisten von ihnen Analphabeten, des Lesens und Schreibens unkundig, haben nie in ihrem Leben von brasilianischen und internationalen Handelsbestimmungen gehört. Doch sind sie die ersten, die von der Preisentwicklung auf dem Weltmarkt betroffen sind. Weil ihnen Lagermöglichkeiten fehlen, können sie im internationalen Spekulationsgeschäft von Angebot und Nachfrage nicht mitmischen. Sie sind gezwungen, ihre Produkte um einen Spottpreis abzusetzen. Mit dem Erlös der Ernte können sie längst nicht ihre lebensnotwendigen Ausgaben bestreiten.

Die Kinder in Reih und Glied, die jüngsten unter ihnen, mit einem Schnuller im Mund. Alle singen „Sempre encontrando ...", („Immer wieder treffen wir uns...") und klatschen in die Hände. Dann werde ich zur Kapelle geleitet, die wochentags als Schule dient. Die „Prozession" lockert sich bald. Besonders die Kinder können die Zweierreihen nicht beibehalten.

Nach einem weiteren Lied geht die persönliche Begrüßung los, zuerst die Kinder und dann die Erwachsenen. Es ist ein herzliches Händeschütteln und Umarmen. Ja niemanden übergehen oder vergessen! Zunächst sind die Leute etwas schüchtern, aber mit einigen aufmunternden Worten, einem Scherz oder einem Lob, gelingt es mir, ihnen ein Lächeln abzugewinnen. Ich stelle die ersten Fragen: „Wie geht es? Wo seid ihr denn geboren?" Einige sind von Souzel selbst, andere von Porto de Moz, wieder andere von Gurupá. Von den meisten kenne ich den Geburtsort, irgendein Flüßchen oder eine Insel, mache dann diese und jene Bemerkung, ein strahlendes Gesicht ist ihre Antwort. Sie freuen sich, daß der Bischof die hintersten Winkel und Nebenflüsse kennt.

Eine schwarze Frau fällt mir in der Menge auf. Sie stammt aus Pernambuco, einem Bundesstaat im Nordosten. Ich komme mit ihr ins Gespräch: „Wie bist Du an diesen Fluß gekommen? Bearbeitet Dein Mann ein Grundstück?" Und sie beginnt gleich mit ihrer Geschichte, Tränen stehen in ihren Augen: „Mein Mann ist tot! Er wurde im Juli dieses Jahres an der Transamazônica ermordet. Ich habe nicht einmal seinen Leichnam gesehen. Er muß schrecklich ausgesehen haben. Man ließ mich nicht heran. Ein Arbeitskollege, mit dem er an sich gut ausgekommen ist, hat ihn mit einem Buschmesser umgebracht. Wie das alles kam? Ich weiß es nicht und habe keine Erklärung dafür. Der Mörder ist spurlos verschwunden, es gab weder eine Anklage noch einen Prozeß. Und ich stehe nun da mit fünf Kindern. Unser jüngstes ist erst neun Monate alt. Mein Bruder hat mich vorläufig aufgenommen, aber wie es weitergehen wird, wie unsere Zukunft sein wird, kann ich nicht sagen!"

Wieder eines dieser tragischen Schicksale, die Frauen am meisten treffen! Dieses Leid und Unglück ist so tief. Niemand wird es je verstehen können. Und wie kann man da mit-leiden? Trotz guten Willens und gutgemeinter Worte, diese Frau ist allein! Allein mit ihren Kindern, allein in ihrem Schmerz, allein an diesem Nebenfluß. Wenn sie auch eine Unterkunft im Haus ihres Bruders hat, der kaum für seine eigene Familie aufkommen kann – er selbst lebt von der Hand in den Mund –, wie soll er dazu noch für seine Schwester und fünf Kinder sorgen?

„Wie lebst du denn?“ wage ich zu fragen, etwas ungeschickt und verlegen. „Ich lebe, weil ich eben lebe!“ ist ihre Antwort. „Wie, das weiß ich selbst nicht!“ Ach, diese furchtbare Ohnmacht angesichts fremden Leides, einer Tragödie, die über eine Frau hereinbricht und sie und ihre Kinder so grausam umfängt. Wie sieht die Zukunft dieser Frau und der Halbwaisen aus? Wird sie einen Mann finden, der sie heiratet? Die einzige Möglichkeit, „überleben“ zu können. Aber! Wer heiratet schon eine „Schwarze“ mit fünf Kindern?

Mein Gott, ist das schrecklich! Was soll ich dieser Frau sagen? Gute Ratschläge? Fromme Worte von Kreuztragen und Kreuzesnachfolge? All dies bringe ich nicht über die Lippen. Wenn ich mich noch so bemühe, ihr mein Mit-leiden auszudrücken und spüren zu lassen, in den geschlossenen Kreis ihres Leides komme ich nie hinein: der Mann ist tot, begraben auf dem Friedhof von Altamira. Ich bin in ihrem Schmerz immer ein Außenstehender, jemand, der zwar fragt, auf die Frau eingeht, aber sie dann in ihrer Not wieder allein zurückläßt. Eine Geldspende oder ein Lebensmittelkorb macht ihren Mann nicht mehr lebendig!

Mit der versammelten Gemeinde bespreche ich das Programm der nächsten Stunden. „Zuerst Eucharistiefeier oder Mittagessen?“ Die Leute wollen zuerst essen und da kommt gleich die erste „Rüge“ an den Bischof: „Du bist noch nicht bei den Frauen in der Küche gewesen, sie warten auf dich!“ Also dringe ich bis zur Kochstelle vor, begrüße und umarme jede einzelne und sofort schicken sie sich an, ihre Kochkünste zu zeigen.

Entenfleisch, Wildbret und Fisch, Reis, Bohnen, Salat und Gemüse haben sie auf den Speisezettel gesetzt. „Was willst du essen?“ Ich entscheide mich für gebratenen Fisch. Das Mittagessen wird im wahrsten Sinn des Wortes zelebriert: Teller und Eßbesteck holen, oder was als solches herhalten muß. Anstellen und warten, bis man an der Reihe ist. Die Frauen füllen jeden einzelnen Teller mit einer ordentlichen Portion und es ereignet sich wieder eine „wunderbare Brotvermehrung“ unter diesem armen Volk. Alle werden satt und es bleibt noch etwas übrig. Heute ist der Tisch für alle reichlich gedeckt, aber nur weil jede und jeder etwas von dem Wenigen, das sie besitzen, mitbrachte. Huhn oder Ente werden viele von ihnen vielleicht erst wieder zum Weihnachtsfest essen, bis dahin sind ihre Teller spärlich mit Reis und Maniok gefüllt.

Mir wäre die Messe an sich lieber vor dem Mittagessen, aber dann dachte ich, es ist besser so. Die Kinder halten ihr Mittagsschläfchen und die Frauen können bei der Feier besser mitmachen. Die Mütter sitzen rund um den Altar. Ihre Kinder haben sie auf dem Schoß. Die kleinsten liegen zufrieden an der Mutterbrust und werden während der Messe gestillt. Ein wunderbarer Anblick von schlichter und natürlicher Zärtlichkeit. Die Frauen müssen sich hier nicht verstecken, wenn sie ihre Kinder stillen. Warum sollten sie auch? Was gibt es da zu verbergen? Gibt es etwas Erhabeneres als diese Zärtlichkeit einer Mutter mit ihrem Kleinkind, einige Tage oder Wochen alt? Das ist Leben! Das ist Kommunion im tiefsten Sinn! Und dieses Leben feiern wir in der Eucharistie. Die Mütter empfangen den Leib des Herrn und haben gleichzeitig ihr Kind an der Brust.

Lieder werden angestimmt, und ich höre eine wunderbare, feine Stimme. Ich lausche und möchte entdecken, wem diese herrliche Stimme gehört. Ist das möglich, hier an diesem abgelegenen Nebenfluß, eine solche Stimme zu hören, zart und weich, dann wieder voll und ausdrucksstark? Ich erinnere mich an Gundula Janowitz, in

Haydns Jahreszeiten oder in Händels Messias, in der ergreifenden Arie: „Ich weiß, daß mein Erlöser lebet".

Ich schaue mich um, während die Gemeinde „Utopia", eines ihrer Lieblingslieder, anstimmt und bitte, daß sie es noch einmal singen. Zwei, drei Mal den Refrain. Nur die Frauen. Dann die Männer und nochmals die Frauen. Und da höre ich sie wieder, diese so glasklare und ausdrucksvolle Stimme: sie gehört der Frau aus Pernambuco, der Witwe mit den fünf Kindern, die verlassen in der Welt steht. Sie singt so herrlich! Fast möchte ich sie bitten, das Lied allein zu singen. Aber da denke ich auf einmal an die Legende von jenem Vogel, „der einen Dornenstrauch sucht und sich durchbohrt und während er stirbt, sich über die Todesqual erhebt. Sein Gesang klingt herrlicher als das Jubeln der Lerche oder das Flöten der Nachtigall. Dieses unvergleichliche Lied, bezahlt mit dem eigenen Leben – und die ganze Welt hält inne, um zu lauschen." Nachdem ich diese so bedrückende Geschichte gehört hatte, konnte ich die Frau nicht bitten, allein zu singen.

Wie ist das alles ungerecht in dieser Welt! Warum müssen manche Menschen so leiden? Und dennoch: diese Frau singt, ihr neun Monate altes Kind auf dem Arm. Sie singt und ihre Stimme überragt alle anderen Stimmen in Weichheit, Zärtlichkeit und Ausdrucksfülle.

Aus den Erfahrungen ihrer Realität ist es verständlich, daß die Gemeinde die Bergpredigt als Evangelium ausgewählt hatte: die acht Seligpreisungen. Selig die Armen, die Trauernden, die Friedensstifter, die Sanftmütigen, die reinen Herzens, aber auch die Verfolgten, die an den Rand Gedrückten, die Diffamierten – selig seid ihr!

Was heißt das alles hier in dieser Gemeinde? Ich will keine Antworten geben, Kommentare anbringen, Erklärungen liefern – das wäre fast eine Profanierung. So stelle ich die Worte Jesu in den Raum, die er von einem Hügel aus an die Armen seiner Zeit richtete.

Auch wir befinden uns auf einer Anhöhe über dem Fluß, der unten ganz ruhig dahinfließt. Abwärts, aber bei Flut aufwärts, wenn der Tacanaquara dem Druck des Xingu und des mächtigen Amazonas nicht widerstehen kann. Dieses Schauspiel der Natur zeigt, wie der Kleine dem Großen unterliegt. Auf diesem Hügel hören wir die Worte der Bergpredigt und ich lege mein Glaubensbekenntnis ab: Ich glaube an die Seligkeit der Armen – aber ich verstehe nicht ihre Armut. Ich verstehe nicht die Not und das Elend, nicht das Leid und den Schmerz, nicht Gewalt und Unterdrückung, nicht die Ungerechtigkeit, die auf diesen Leute so schwer lastet: das alles verstehe ich nicht und kann es nicht akzeptieren! „Mein Gott, mein Gott, warum hast du mich verlassen?" (Mk 15, 34) können all diese Leute täglich, ja stündlich von ihrem Kreuz aus schreien. Kaum jemand hört sie. Und ich, der sie hört, was kann ich tun?

Wann wird für diese geschundenen Menschen Auferstehung sein? Ist das Kreuz ewig nur für diese Menschen hier bestimmt, während andere längst „Halleluja, Christ ist erstanden!" singen. O Gott, wo ist in dieser Not und Tragik dein mütterlich-väterliches Antlitz? Wer wälzt den Stein vom Grab weg? In diesen Menschen sehe ich immer nur das blutüberströmte Antlitz deiner Tochter, deines Sohnes und Tausende von Dornenkronen! Und dennoch: dieses Volk singt, es feiert, kann sogar lachen – und wie herzlich! Frauen und Männer, Kinder und Alte reichen sich die Hände, umarmen sich, sie wünschen einander den Frieden und beten, daß überall Friede werde.

Die Heilige Messe ist vorbei und ich erwarte ein gemütliches Beisammensein. Weit gefehlt! Jetzt kommen die Anfragen an den Bischof. Erwartungsvoll sitzen alle da.

Ich versuche, die Leute zu überzeugen, daß sie wirklich alle ihre Anliegen einbringen können. Anfangs sind es mehr die Männer, die sich da mit ihren Fragen hervortun: Wie ich mit den Problemen und Angriffen der letzten Jahre zurande komme? Wie war das mit dem letzten Anschlag im Jänner? Wer sind die Pharisäer in unseren Tagen? Und vieles andere mehr wollen sie wissen. Ich gebe Rede und Antwort und erzähle und erzähle. Es wundert mich, daß sich noch immer keine Frau zu Wort gemeldet hat. Auf mein Drängen hin, meint eine Frau: „Was sollten wir denn fragen? Unsere Probleme sind doch nur ‚häusliche' Angelegenheiten und sind immer gleich!" Ich mache ihnen Mut, trotzdem etwas einzubringen. Eine der Lehrerinnen berichtet von ihren Schwierigkeiten: „Der Schulweg ist so lang und beschwerlich. Über eine Stunde muß ich rudern. Kehre ich am späten Nachmittag heim, wartet die Hausarbeit auf mich und so kommt es oft vor, daß ich bei Mondschein am Flußufer noch Wäsche waschen muß." Eine andere Frau klagt von ihren Anstrengungen: „Ich wohne auf einem Hügel und muß das Wasser vom Fluß hinaufschleppen. Wenn ich schwanger bin" – und beinahe schüchtern fügt sie hinzu –, „das bin ich fast jedes Jahr, ist das besonders schwer und mühsam".

„Es gibt viele Kinder hier", bemerke ich beiläufig, worauf einer der Männer lachend erklärt: „Weißt du, Bischof, wir haben hier keinen Fernsehapparat!"

Nach der „Fragestunde" kommt der Abschied, ich werde um eine letzte Auskunft bestürmt: „Wann kommst du wieder?" Umarmungen, Händeschütteln und einige scherzende Worte. Singend geleitet mich die Gemeinde an den Fluß hinunter. Mir ist richtig weh ums Herz! Aussichtslos scheint mir die Situation der Leute hier. Sie zeigen so viel guten Willen und Einsatzbereitschaft, leisten unendlich viel Arbeit. Und dennoch! Was verändert sich und wie geht es weiter? Ich steige auf das Schiff, gehe über den neuen Landesteg, der für meinen Besuch angefertigt wurde. Die Leute singen und winken, während wir uns langsam flußabwärts entfernen, bis wir aus ihrem Blickfeld verschwinden.

Bald sind wir wieder auf dem Xingu mit seinen schillernden Wassern, die sich im blendenden Widerschein der Nachmittagssonne ins Grenzenlose verlieren. Vom anderen Ufer sind nur Konturen zu erkennen. Der Fluß ist hier sehr breit. Fast wie ein Meer. Wir steuern der Mitte zu und weiter geht es flußaufwärts.

Ungefähr nach einer Stunde Fahrt, da, ein Boot, unweit des rechten Ufers! Die Ruderer winken und geben zu verstehen, daß wir die Geschwindigkeit verringern mögen. Ein Krankheitsfall? Hier weiß man nie. Gott sei Dank, alle Insassen des Bootes sind wohlauf: zwei schwarze Männer, eine ältere Frau und ein Mädchen. Als sie in unmittelbarer Nähe sind, erkennen sie mich und lachen herzlich. Die schwarzen Männer lassen ihre Zähne blitzen. Sie begrüßen mich und bitten, mitreisen zu dürfen. Das Rudern flußaufwärts sei ziemlich anstrengend! Ihr Boot wird angehängt, die vier kommen an Bord der „Terezinha". Sie waren seit drei Uhr früh auf der Jagd und hatten deshalb noch zwei Hunde im Boot, die zu mir aufschauen, als ob sie um Zusteigerlaubnis bitten würden und gleich zum Sprung ansetzen. Wie es sich für anständige Hunde geziemt, sitzen sie gleich artig neben ihren Herren. Ja, irgendwie gehören die Hunde hier zur Familie. Es sind gute, treue Tiere, die Wache halten und mit auf die Jagd gehen. Es ist nicht wie in Europa, wo manche auffrisierte Köter gehätschelt werden, mehr als die Kinder.

Obwohl nun einer der Schwarzen beteuert, es gebe

noch viel Wild hier, wundert mich, daß die beiden kein einziges Tier erlegt hatten und mit leerem Boot zurückkehrten. Vielleicht wollte er sagen, schön wäre es, wenn es viel Wild gäbe, so wie früher. Und der Wunsch wird zum Vater des Gedankens, wie so oft! Immerhin, da war noch eine Schüssel im Boot, voll von kleinen Fischen. Die haben sicher die alte Frau und das Mädchen gefangen, während die Männer, ohne Erfolg, auf der Jagd waren.

„Morgen ist Allerseelen", sagt einer der Schwarzen, „und ich werde nach Souzel rudern und auf dem Friedhof Kerzen am Grab meines Bruders anzünden. Er wurde vor einigen Wochen ermordet." Also wieder eine dieser Tragödien! Er redet weiter und erzählt alle Details: Sein Bruder kam von der Jagd und wollte einen Teil der Beute verkaufen. Der erlegte Tapir, ein Großwild, wäre in einem Stück für seine Familie zuviel gewesen.

Ein Händler, mit seinem Warenschiff unterwegs, lud den Mann samt Tapirfleisch zur Mitfahrt ein. Das Boot wurde ins Schlepptau genommen. Romão, so hieß der Mann, war froh darüber. Aber die Sache sollte nicht gut ausgehen. An Bord ging für ihn die Hölle los. Man machte dumme Witze und nötigte ihn zum Trinken. Er lehnte ab. Was, du willst ein Mann sein? Auf diese Frage hin, nahm er schließlich doch ein Glas Zuckerrohrschnaps und hoffte, in Ruhe gelassen zu werden. „He du, kannst du den Transport überhaupt bezahlen?" – „Nein, ich habe kein Geld." „Auch gut, dann bleibt das Fleisch hier und du scher' dich zum Teufel!" Dem Mann wurde angst und bange und sein einziger Gedanke war, auf schnellstem Weg in sein Boot zu kommen. Mit einem Tritt in den Rücken wurde er von Bord gestoßen und landete im Wasser. Romão, der vor Jahren einen erlittenen Beinbruch nicht ausheilen ließ, war seither gehbehindert und konnte deswegen nicht schwimmen. Er ertrank!

Der Kaufmann fuhr mit Sack und Pack dieses Mannes weiter und verkaufte das Tapirfleisch am Ufer. Auf einmal fielen jemandem die Habseligkeiten des Schwarzen auf. Und darauf die bange Frage: „Wo ist denn Romão geblieben?" Dem Händler wurde nun buchstäblich das Wasser unter dem Schiff zu heiß und er suchte das Weite.

Man fand den Leichnam, die Angehörigen wandten sich an die Polizei in Souzel, die sofort eine Anzahlung verlangte, um den Händler zu stellen. Bis Porto de Moz folgten die Polizisten dem Flüchtigen, aber es war ihnen nicht wohl bei der Verfolgung und sie kehrten unverrichteter Dinge nach Souzel zurück.

Romão wurde beerdigt. Jetzt wächst Gras über das Grab. Sein Bruder wird morgen nach Souzel kommen, das Gras ausreißen, Sand über den Grabhügel streuen und Kerzen anzünden. Spätestens in einer Woche ist das Gras nachgewachsen genauso wie über die Mordakte. Kein Mensch kümmert sich um den Verbrecher. Ein Land ohne Gesetz und ohne Recht für die Armen! Menschen werden ermordet und ihre Mörder laufen herum, als ob nichts geschehen wäre. Die Armen haben sich fast daran gewöhnt. Jeder ist froh, daß nicht er das Opfer war.

Die Mörder, die Pistoleiros, die Heckenschützen, ziehen in Amazonien flußauf, flußab, landauf, landab und warten auf den nächsten „Auftrag". Die Kopfquote wird natürlich der Inflation angepaßt, Rang und Namen der Person sind für den Betrag ausschlaggebend: An oberster Stelle der Preisliste steht der eine oder andere nicht genehme Bischof. Gewerkschaftsfunktionäre, Priester und Ordensleute fallen unter die gleiche Preisklasse. Arme Landarbeiter, die aus dem Weg geschafft werden sollen, sind am wenigsten „wert". Ein Wahnsinn! Arme rentieren sich nicht einmal für Pistoleiros.

Es gibt hier kein Recht und keine Gerechtigkeit!

Die Sonne sinkt und taucht den Xingu in eine blutrote Farbe. Es gibt hier wohl den beeindruckendsten Sonnenuntergang am ganzen Xingu. Die Sonne wird zu einer blutroten Scheibe und dieses Blutrot erinnert mich an all das unschuldig vergossene Blut der Menschen in dieser Gegend – die erhebende Schönheit dieses sich immer wiederholenden Wunders verliert ihren Reiz.

Ist der Xingu nun eine Spiegelung der blutroten Sonne oder wird sein Wasser zu Blut? Ist das Wasser des Xingu nicht das Blut Tausender von Indianern der vergangenen Jahrhunderte, das Blut unzähliger Armer, die aus der Welt geschafft wurden, von denen man das Gebiet „gesäubert“ hat, um dem Großgrundbesitz Platz zu machen? Ist es Wasser? Ist es Blut, in das unsere „Terezinha“ ihre Furche gräbt?

Sonnenuntergang, ja! Herrlich von der Schesaplana aus, von der Zimba, vom Großglockner oder vom Römersteinbruch im Burgenland! Hier stimmt mich der Sonnenuntergang traurig und empört mich. Denn die Farbe, die er in diesem Augenblick dem Xingu leiht, erinnert an das Blut so vieler Menschen, die „vor der Zeit starben“, die nicht leben durften, weil sie der Gier und den Interessen der Großen im Wege standen.

Souzel ist schon in Sichtweite und das rege Treiben am Flußufer könnte ein Hinweis sein, daß es kein Wasser in der Leitung gibt. Richtig geraten, die Wasserpumpe der Stadt hat einen Defekt. Ich erinnere mich, vorgestern im Pfarrsaal einen Wasserbehälter gesehen zu haben und begebe mich dorthin zum Bad. Die Dusche scheint für Zwerge eingerichtet zu sein. Sie ist gerade in meiner Gesichtshöhe. In halber Hocke genieße ich trotzdem das wohltuende Naß.

Die Schwestern bieten mir ein Bier an, das ich gerne

annehme. Ich bin müde und lege mich bald hin. Zuvor spanne ich das Moskitonetz über das Bett. Ob es die vielen Mücken abhalten wird? Das Bett ist ziemlich kurz, die Mücken werden ganz sicher während der Nacht, durch das Netz hindurch, meine Füße finden. Dennoch, was soll's? Ich bin zu müde, unendlich müde, und vor allem traurig.

Ich habe länger geschlafen, aber nicht besonders gut. Mit den Mücken, das war richtig getippt. Sie machten sich an meinen Füßen zu schaffen und einige Stiche werde ich wohl die nächsten Tage als Andenken mitnehmen. Den Vormittag über habe ich Post erledigt, Briefe geschrieben und in einem Buch gelesen. Vor dem Mittagessen gab es noch eine Versammlung mit der Gemeinde.

Es ist schrecklich heiß, über 40 Grad, und ich bin froh, ein schattiges Plätzchen im Garten gefunden zu haben. Mein Zimmer liegt direkt unter dem Dach und die Hitze wurde mir fast zuviel. Da kommt ein Mann vorbei und bittet mich in sein Haus. Seine schwer kranke Frau möchte beichten.

Ich gehe gleich mit ihm zurück in die Hütte. Zwei Hängematten sind aufgeschlagen. In der einen liegt die kranke Frau. Ich setze mich in die andere und beginne mit ihr zu reden, frage, was mit ihr los sei, ob sie schon ärztliche Hilfe bekommen habe. Ja, sie war schon in Altamira, in zwei Spitälern, ohne Erfolg. Sie weiß gar nicht, was sie hat, nur daß sie kaum Speisen zu sich nehmen kann und immer wieder erbricht. Die Medikamente brachten keine Änderung ihres Gesundheits- oder besser Krankheitszustandes. Sie sagt: „Ich komme nicht mehr davon." Und was soll ich ihr, um Gottes Willen, darauf antworten? Ich glaube ihren Worten, daß sie dem Ende zugeht. Sie ist spindeldürr. Ich stammle vor mich hin, sie möge ihr Leben in Gottes Hände legen. Ihr zu sagen, sie möge Gottes Willen annehmen, ist überflüssig. Sie tut das ohnehin. Ja, sie möchte beichten.

Der Raum liegt im Halbdunkeln. Die Fensterläden sind geschlossen. Eine Ölfunzel in der Ecke zeichnet einen matten Schimmer auf die Gesichter und die arme Behausung. Und da liegt sie nun und wartet, daß ich frage. Ja, was soll ich denn fragen? „Welcher Sünden willst du dich anklagen?". Hat diese arme, kranke Frau überhaupt Sünden? Ich getraue mich gar nicht zu fragen, bei so viel Armut, Krankheit, Hoffnungslosigkeit. Ich finde das irgendwie pietätlos. So bitte ich sie, mir einfach zu erzählen, was sie wolle und wie erwartet, sie erzählt von ihrer Krankheit.

Ich bete mit ihr. Das scheint mir die einzig richtige Antwort auf ihre Worte. Sie betet mit, langsam und mit gefalteten Händen. Dann spricht sie selbst ein Gebet. Sie betet sehr leise. Was ich verstehe, läßt mich schließen, daß es ein Reuegebet ist. Ich gebe ihr die Absolution, lege ihr die Hände auf, spende ihr die Krankensalbung und flehe den Segen Gottes auf sie herab. Beim Heimweg überlege ich, ob ich diese Frau das nächste Mal noch antreffen werde. Gott weiß es!

Für fünf Uhr ist die Heilige Messe auf dem Ortsfriedhof angesetzt. Bis da alle Leute eingetroffen sind, braucht es Zeit. Der Friedhof ist zwar gepflegt, aber dennoch unpersönlich. Nur auf wenigen Grabkreuzen ist ein Name zu finden. Nach und nach werden an allen Gräbern Kerzen angezündet und in Kürze verwandelt sich der Friedhof in ein Lichtermeer.

Während die Sonne über der Bahia de Souzel in den Xingu sinkt, feiere ich mit dem Volk Eucharistie. Wieder ein eindrucksvolles Schauspiel. Die Bucht ist etwas nebelig, die Sonne wird zu einem dunstigen Feuerball. Vor dieser Naturkulisse spreche ich vom alten Brauch des

Kerzenanzündens und leite dann über auf das Symbol des Lichtes.

Licht erleuchtet unseren Weg. Licht zerstreut die Finsternis! Das Leben ist stärker als der Tod, wir glauben daran! Wir leben! Unsere Verstorbenen sind heimgegangen zu Gott, unserem Vater und unserer Mutter, sie erfahren Leben in Fülle. Uns wird der Auftrag gegeben, für das Leben einzutreten, für das Leben in allen Dimensionen: der Menschen und der Mit-Welt.

Vor dem Gottesdienst traf ich eine alte, hagere, schwarze Frau. Es war die Mutter von Romão. Sie erzählte mir nochmals die Geschichte ihres Sohnes. In der Predigt gehe ich auf diese Tragödie ein: „Wie viele sind hier begraben, die eines gewaltsamen Todes starben?“ Niemand kennt ihre genaue Zahl.

Auf dem Weg in den Pfarrsaal begegne ich einer meiner früheren Schülerinnen und ihrem Mann, dem Bürgermeister. Sie beschwert sich über ihren Gatten und meint, die Politik sei schuld, daß er kaum noch für die Familie Zeit habe. In eine ähnliche Richtung gehen einige Wortmeldungen bei der anschließenden Versammlung. Es sind fast nur Frauen gekommen, die sich zunächst selbst heruntersetzen, sodaß ich ihre Kommentare vorerst zurechtrücken muß. Eine sagt: „Es sind ja ‚nur‘ Frauen da“. „Was heißt da ‚nur‘?“ ist mein Einwand. „Die meisten Basisgemeinden werden doch von Frauen geleitet. Vielleicht gibt es sogar einmal eine ‚bispa‘, eine Bischöfin“, worauf alle lachen. Die Frauen wollen so vieles wissen: über Taufe, Ehe, Familie und bringen noch ihre ganz spezifischen Nöte ein. Was sage ich den alleinstehenden, verlassenen Frauen, was den wiederverheirateten Geschiedenen? Natürlich sind sie auch an meinem Befinden und den Geschehnissen der letzten Monate interessiert. Das Treffen dauert viel länger als ursprünglich vorgesehen. Die Frauen wollen einfach hören, wie ich erzähle. Es war gemütlich, unkompliziert und sehr herzlich. Am nächsten Tag, dem Sonntag, sind wieder alle da. Einige bei der Messe am Vormittag, die anderen zur Feier der Firmung.

Die Firmlinge sind diesmal bunt gemischt: alt und jung, Frauen mit Kindern auf dem Arm, verheiratete Männer und natürlich Jugendliche. Die Generalprobe für die Zeremonie verläuft soweit gut. Nur die Paten haben ihre liebe Not, welche Hand sie denn auf die Schulter ihres Firmlings legen müssen.

Nach und nach treffen die Erwachsenen und Jugendlichen ein: 27 Firmlinge und ihre Angehörigen. Sie haben die Feier sehr gut vorbereitet. Lieder und Texte wurden ausgewählt, die Kirche erstrahlt in festlichem Glanz. Bei der Predigt frage ich die Firmlinge, was ihr Auftrag als Gefirmte sei und ermutige sie, ihre persönlichen Vorstellungen einzubringen. Ein Firmling, Vater von sieben Kindern, steht auf, ergreift das Wort und ich bin sprachlos über das, was dieser Mann sagt und wie er sich ausdrückt. „Wie mich der Vater gesandt hat, so sende ich euch." (Joh 20,21) Diesen Text aus dem Johannesevangelium hat die Gemeinde ausgewählt. Der Mann führt die Gedanken weiter und spricht über die Sendung aller Getauften und besonders der Gefirmten, am Aufbau des Reiches Gottes mitzuarbeiten. „Wir sind eine Gemeinschaft, das Volk Gottes. Gott ist in unserer Mitte. Das Reich Gottes fällt aber nicht vom Himmel. Alle sind wir aufgefordert, mitzutun, Verantwortung zu übernehmen. Bei der Firmung erhalten wir dazu den Beistand des Heiligen Geistes." Ich habe wirklich nichts mehr hinzuzufügen, nur den Leuten Mut zu machen, trotz aller Schwierigkeiten und Not nicht aufzugeben und weiterzumachen.

Nach der Firmung bin ich bei den Schwestern zum Abendessen eingeladen. Nach zehn Uhr spaziere ich das Flußufer entlang, setze mich einige Minuten auf eine Bank und betrachte den Fluß, der im Mondschein herrlich schimmert. Es ist fast noch Vollmond. So wird der Fluß zu einem silbernen Meer. Ruhig liegt er da. Schade, daß in unmittelbarer Nähe die Stereoanlage in einer Tanzdiele auf vollster Lautstärke läuft und die Ruhe des schweigenden Flusses stört. Na gut, die Jugend tanzt dort und soll ihre Freude haben. Was gibt es für die jungen Leute hier sonst an Freizeitangeboten?

Noch in der Nacht ist die Abfahrt von Souzel. Nach einigen Stunden Flußreise erreichen wir Vitória, wo ich mein Auto abgestellt hatte. Die Straße nach Altamira ist ganz gut befahrbar und ich brauche nicht mehr als vierzig Minuten dafür.

Leider ist in Altamira niemand da, der mich erwartet und fragt: „Wie war es?“ und meine Erzählungen anhört.

Werden Großgrundbesitzer je die Weihnachtsbotschaft verstehen?

Gegen elf Uhr nachts lichten wir in Vitória die Anker. Die Reise bis nach Porto de Moz sollte diesmal beinahe zehn Stunden dauern. Ein Unwetter zieht auf, der Fluß wirft hohe Wellen. An Schlaf ist kaum zu denken, denn die Hängematte wird zu einer schwindelerregenden Schaukel. Immer wieder hat man das Gefühl, daß die „São Gaspar" in ein Loch fällt.

Kurz vor Morgengrauen erlebe ich dann „live" den Fünften Satz von Beethovens „Pastorale": „Frohe und dankbare Erinnerungen nach dem Sturm". Der Wind läßt nach, die Wogen beruhigen sich, die Wolken lösen sich auf.

Schlaftrunken sitze ich an der Reeling und döse vor mich hin. Auf einmal überwältigt mich der Zauber des Sonnenaufganges am Xingu. Dieses wunderbare Naturschauspiel läßt alle Müdigkeit vergessen.

Ein dunkles, samtenes Rot beginnt erst scheu und zaghaft den schwarzen Horizont zu tönen. Von Augenblick zu Augenblick stärker, ausdrucksvoller, bezwingt das Rot entschlossen und schonungslos die gespenstische Finsternis. Der Glanz der Sterne wird immer fahler, bis er ganz erlischt. Die zarte Röte wird zu warmer Glut und geht dann langsam in ein zauberhaftes Orange über. Die Schwärze der Nacht zerrinnt endgültig mit dem ersten Sonnenstrahl. Unzählige Strahlen folgen, erleuchten und erwärmen die Erde, verjagen die feuchten Nebel, die über dem Urwald schweben, beleben Herz und Sinn noch schlaftrunkener Menschen. Feuerrot erhebt sich die Sonne über den Horizont, immer blendender wird ihr Schein und heller wird die Welt.

Ein neuer Tag bricht an, läßt Leben neu erwachen und Menschen nach ewig neuen Wegen der Erfüllung ihrer Wünsche suchen. Bald umfängt die Sonne majestätisch Wälder und Felder, Städte und Dörfer, Hügel und sumpfige Niederungen, taucht Flüsse und Bäche in gleißendes Silber, spiegelt sich wider in den nie endenden Wassern von Meeren und Seen.

In meinen Ohren klingt jenes bezaubernde Präludium, mit dem Joseph Haydn in seinem Oratorium „Die Schöpfung" das Rezitativ des Uriel einleitet: „Im vollen Glanz steiget jetzt die Sonne strahlend auf..." Jeden Morgen wiederholt sich dieses Schauspiel der Natur. Und jeden Morgen, solange es diese Welt gibt, wird dieses Erlebnis als Wunder erfahren.

Ich bete mein Brevier, den Lobpreis Gottes am Morgen. Die Schöpfung ist das erste Buch Gottes, sagt Augustinus. Die Bibel ist das zweite. Sie wurde geschrieben, um uns den Blick des Glaubens zu schärfen und die Schöpfung, den Menschen und seine Mit-Welt als herrliche Offenbarung eines unendlich liebenden Gottes zu verstehen, der uns allen zugleich Vater und Mutter ist. Ich bin in großer Sorge, wie lange das noch so sein wird. Denn mir ist bewußt, daß heute der Mensch die Natur gewaltsam bedroht.

Ich sitze jetzt in einem Zimmer des Pfarrhauses von Porto de Moz. Das Haus ist ganz neu, das alte mußte abgerissen werden, da es beinahe in sich selbst zusammengefallen war. Mit finanzieller Unterstützung aus der Schweiz hat sich unser Generalvikar, Pater Fritz Tschol C.PP.S. – er ist ein Naturgenie von Architekt –, ans Werk gemacht. Es ist ihm wieder einmal gelungen, ein funktionelles Pfarrhaus und gleichzeitig ein gemütliches Heim für das Pfarrteam zu bauen.

Im Jahre 1966 verbrachte ich die ersten Weihnachten in

Porto de Moz, im alten Pfarrhaus. Es schaudert mich immer noch, wenn ich an die vielen Fledermäuse und Vampire denke, die in allen Räumen und Zimmern fast zur Einrichtung gehörten. Nach der Christmette legte ich mich gegen zwei Uhr früh in die Hängematte. Ich spannte das Moskitonetz auf, aber nicht um mich vor Gelsen und Stechmücken zu schützen, sondern um Fledermäuse und Vampire abzuhalten. Dom Clemente, der zu dieser Zeit Bischof vom Xingu war, fand beim Aufwachen hier einmal eine Blutlache unter seiner Hängematte vor. Ein Vampir mit spitzen Zähnen hatte den schlafenden Bischof in der Nacht gebissen. Dem wollte ich vorbeugen.

Aber ich konnte dennoch nicht schlafen. Auf einmal ging ein Wolkenbruch über Porto de Moz nieder. Durch das schadhafte Dach prasselte der Regen unbarmherzig auf meine Hängematte. Ich suchte in allen Zimmern und Gängen nach einer geeigneten Schlafstelle und mußte schließlich aufgeben. Im ganzen Haus tropfte es und ich konnte keine trockene Stelle finden. Über zwei Stunden lang stand ich mit eingerollter Hängematte schläfrig an eine Wand gelehnt und wartete auf das Ende des Regens. Ich fühlte mich elend. Es war ja Weihnachten. So dachte ich an die Geburt Jesu im Stall zu Betlehem. Jesus kam arm auf die Welt. Ob das Dach über der Krippe auch undicht war?

Es ist sehr schwül. Die Nacht über hat es geregnet, darum ist es so feucht-heiß. Meine Gedanken gehen an die Transamazônica, in die Agrovila „Duque de Caxias“ in der Nähe von Medicilândia. Dort wird die Gemeinde von einer reaktionären Gruppe von Großgrundbesitzern bedroht, die nicht vor Gewalt zurückschreckt. Besonders bedrückt mich die Tatsache, daß ich hier in Porto de Moz absolut keine Möglichkeit habe, irgendetwas zu veranlassen oder zu tun. Der Bürgermeister von Medicilândia will, daß ich Pater Oscar ersuche, eine längst vorbereitete Eucharistiefeier abzusagen. Ich sehe aber nicht ein, warum eine Weihnachtsmesse ausfallen soll. Zudem kann ich mit Pater Oscar keine Verbindung aufnehmen. Er ist irgendwo im Busch, an einer Nebenstraße. Der Bürgermeister fürchtet eine Auseinandersetzung, die mitunter blutig ausgehen könnte. Einige Leute hätten sich bereits bewaffnet. Ein Wahnsinn!

Wieder einmal ein Großangriff gegen die Kirche. Den Großgrundbesitzern ist diese Kirche, auf der Seite der Armen, ein Dorn im Auge und hinderlich. Dabei war ich ja vor einigen Tagen noch an diesem Ort. Ich versuchte den Standpunkt der Kirche nach den richtungsweisenden Konferenzen von Medellín und Puebla zu erklären. Auf alle Fragen bin ich eingegangen und habe mich heiser geredet. Scheinbar hat alles nichts genützt.

Bei meiner Ankunft in der Agrovila „Duque de Caxias" war die Gemeinde bereits in der Kirche versammelt, die mit viel Opfer und Schweiß erbaut worden war. Nach der üblichen Begrüßung wollte ich mit der Eucharistiefeier beginnen. Da tippt mir eine Frau auf die Schulter und bittet um etwas Geduld. Ein Herr wünsche mich unbedingt noch vor der Messe sprechen. Als ich diesen angekündigten Herrn zu Gesicht bekam, war mir klar, daß er seine Frau vorgeschickt hatte, um das Gespräch einzufädeln.

Der Mann, ein Vertreter der União Democrática Ruralista, des Verbandes der Großgrundbesitzer, nimmt sich kein Blatt vor den Mund. Die große Zuhörerschar kommt ihm sichtlich gelegen, um dem Bischof endlich seine Meinung zu sagen. „Die Kirche, der Bischof auf seiten der Armen, was heißt das schon?" schrie er in die Menge. „Warum verteidigt der Bischof die Indianer? Jeder Indio ist einer zuviel! Die Indianer arbeiten nicht, produzieren nichts und stehen dem Fortschritt im Weg! Und da kommt ein Bischof und setzt sich ein, damit ihnen fruchtbares Land überlassen wird, samt den Bodenschätzen in diesem Gebiet! Mit diesen ungenützten Reichtümern könnte Brasilien einen Großteil seiner Auslandsschulden begleichen! Bischof, wie kannst du, der du selbst Brasilianer geworden bist, mit deiner Indio-Verteidigung gegen brasilianische Interessen sein?“ Mit einer zynischen Frage setzt der Mann seine Anklagen fort: „Geht es dir wirklich um die Armen oder verfolgst du andere Ziele? Du willst doch die bestehende Ordnung stürzen! Du bist subversiv, eindeutig linkslastig!“ schreit er mich an. „Du förderst eine Revolution des Lumpenproletariats und kümmerst dich um dieses faule Pack, das nichts hat, weil es lieber Schnaps säuft als zu arbeiten!“

Ich ersuche ihn, einen etwas ruhigeren Ton zu wählen und mir gerade ins Gesicht zu schauen. „Glauben Sie wirklich, diese Leute hier haben ihre Schwielen an den Händen vom Schnapssaufen?“

Ob ich auf der Seite der Armen stehe? Ich erinnere ihn an meine Festnahme durch die Militärpolizei, weil ich ausgebeutete, verzweifelte Zuckerrohrbauern und ihre Familien verteidigte, denen durch neun Monate hindurch die abgelieferte Ernte nicht bezahlt wurde. Ich erinnere ihn an den „Unfall“, der mir beinahe das Leben kostete und Pater Salvatore Deiana tötete. „Sie wissen genau: es war kein Unfall!“ sage ich ihm. „Bis heute spüre ich die Folgen dieses Anschlages. Meine Backenknochen wurden mit Metallfäden zusammengefügt!“ Bei diesen Worten zuckte er zusammen und schaute unverwandt in eine Ecke. Bis zum Schluß dieses Auftrittes würdigte er mich keines weiteren Blickes.

Die Gemeinde ist aufgebracht. Männer gestikulieren. Frauen weinen. Kinder bekommen Angst und kuscheln zu ihren Eltern. Auf einmal tritt die Mutter dieses Mannes vor, kniet händeringend vor ihn hin und bittet ihren Sohn um „Unserer Lieben Frau von Aparecida“ willen, endlich aufzuhören, den Bischof so zu attackieren. Er schiebt die alte, weinend flehende Mutter weg wie ein Holzgestell, murmelt noch etwas Unverständliches und sucht das Weite, den breitrandigen Hut tief ins Gesicht gedrückt.

In Österreich wird dieser Tage ein Film ausgestrahlt, der hier am Xingu gedreht wurde. Szenen von meiner Festnahme und dem „Unfall“ werden jetzt gezeigt. Dabei entsteht vielleicht der Eindruck, dies alles seien bereits vergangene Ereignisse. Aber es ist Gegenwart! Warum das alles?

Beim Kreuz an der Unfallstätte auf der Transamazônica wurde ich vor laufender Kamera gefragt, ob ich nicht doch nach Österreich zurückwolle. Meine Aufgabe habe ich hier zu erfüllen, aber ich sehne mich dennoch nach einem ruhigeren, nicht so aufreibenden Leben. Warum ist die Situation so konfliktreich? Warum all diese, sich immer wiederholenden Herausforderungen? Ich bin kein Held! Oft und oft habe ich Angst! Wie lange hält man so etwas überhaupt aus? Meine Gedanken gehen unwillkürlich in meine Heimat. Mama ist im Spital und ich weiß, daß ihr der Film sehr naheging. Sie hat recht, wenn sie meint, ich hätte furchtbares Heimweh.

Immer wieder sage ich zu mir selbst: „Du mußt durchhalten, stark sein! Gott gibt dir die nötige Kraft und läßt dich nicht allein!“ Josue aus dem Alten Testament kommt mir in den Sinn. Als er die Nachfolge des Mose antrat, sprach Gott zu ihm: „Sei mutig und entschlossen, zage nicht und zittere nicht! Denn der Herr, dein Gott, ist mit dir in allem, was du unternimmst.“ (Jos 1,9) Der Apostel Paulus war in Korinth und hatte wieder allerhand einzustecken von seinen eigenen Landsleuten, die sich ihm widersetzten und ihn wohl auspfiffen. Er war angeschlagen, so richtig „down". Da aber, gerade in diesem schrecklichen Tief, erscheint ihm der Herr und sagt: „Fürchte dich nicht, rede weiter und schweige nicht! Ich bin mit dir, und keiner wird dir fürderhin ein Leid antun." (Apg 18,9) Ich frage mich allerdings: Hatte Paulus nach dieser Erscheinung nichts mehr zu erleiden? Es ist erst das 18. Kapitel der Apostelgeschichte. Bis zum 28. Kapitel ist noch ein langer Weg! Die Apostelgeschichte hört sehr abrupt auf. Das Römische Martyrologium berichtet, daß Paulus vor den Mauern Roms enthauptet wurde. Wie geht das zusammen: „Keiner wird dir fürderhin ein Leid antun"? Vielleicht ist es so, daß Paulus von nun an spürte, daß alles Leid ertragbar wird, wenn jemand da ist, der mit ihm ist und mit-leidet! Paulus weiß, der Herr ist da. „Er ist in unserer Mitte!" antworten die Leute in unseren Gemeinden auf den liturgischen Gruß des Priesters: „Der Herr sei mit euch!".

Nicht nur die Probleme mit den Großgrundbesitzern bedrücken mich. Meine liebe Not habe ich auch auf der Personalebene. Wir sind viel zu wenig Priester, Ordensleute und PastoralarbeiterInnen. Alle sind überlastet. Jeder jammert auf seine Art. Dies funktioniert nicht, jenes könnte besser sein. Pater Sergio liegt in einem Krankenhaus in Italien. Ein halber Lungenflügel mußte ihm entfernt werden. Wird er je an den Xingu zurückkommen? Am Telefon sagte er mir, er fühle sich so, wie wenn ein Traktor über seinen Brustkasten gefahren wäre. Drei andere Priester sind für sechs Monate zum „Auftanken" im Ausland. Die Kongregation, der sie angehören, fordert von jedem nach fünf Jahren Einsatz ein halbes Jahr Entspannung und Studium. An sich finde ich das gut und wichtig, aber Pfarren bleiben eben monatelang ohne Priester.

Ja, es ist Heiliger Abend!

Nach dem Mittagessen habe ich mich hingelegt, um den Schlaf nachzuholen, den ich letzte Nacht versäumte. Als ich aufwache, blicke ich auf die Uhr und rechne die Stunden des Zeitunterschiedes nach. In Österreich beginnen jetzt die Weihnachtsfeiern. Man singt „Stille Nacht“ und beschenkt einander. Die Familien in meiner Heimat feiern bereits Weihnachten. Ich sehe strahlende Kinder und glückliche Eltern vor dem geschmückten Christbaum und die beleuchtete Krippe. Alles ist so schön, so „heimelig traut“. Vielleicht gibt es sogar Schnee. Das würde die Weihnachtsstimmung noch mehr heben.

Hier gibt es keinen Christbaum und keinen Schnee. Es ist sehr heiß. Während des Mittagessens zündete Pater Nicola Kerzen an. Ich lächelte matt und fragte, warum er das tue. Er meinte, es sei der Fliegen wegen. Die flackernden Kerzen jagen diese widerlichen Biester in die Flucht. So könne man in Ruhe essen und müsse nicht immer mit den Händen fuchteln, um zu verhindern, daß Fliegen auf Reis, Bohnen, Fisch und Maniok landen. Weihnachten bei Kerzenschein, der Fliegen wegen!

Ich höre nun die Glocken der Weihnacht in allen Kirchen Österreichs. Es ist Heiliger Abend. Kaum jemand ist auf der Straße. „Markt und Straßen stehn verlassen, still erleuchtet jedes Haus...“ erinnere ich mich an ein Gedicht von Eichendorff. Meine Gedanken verlieren sich in der Vergangenheit, drehen das Rad der Geschichte um Jahrzehnte zurück bis zu den Weihnachten meiner Kindheit, während des Zweiten Weltkrieges und kurz danach...

Es klopft an die Tür. Ein Mädchen überbringt mir die Nachricht, ein alter, kranker Mann wolle mich noch sehen, bevor er sterbe.

Mit dem Fahrrad mache ich mich schnell auf den Weg

zu diesem alten Mann. Als ich in die Nähe des Hauses komme, ist mir klar: er ist soeben gestorben. Das laute, verzweifelte Klagen der Angehörigen ist schon auf der Straße zu hören. Alle tauchen sie unter in Leid und Jammer und vergessen, was doch auch jemand tun sollte. Ich drücke die Lider über die erloschenen Augen des alten Manoel und erbitte ein Band, um das Kinn hinaufzubinden, damit sich sein Mund schließt.

Welch ein Heiliger Abend! Der arme Manoel wollte mich noch einmal sehen. Aber er stirbt, ehe ich sein Haus erreiche. Pater Nicola hatte ihm vor einigen Tagen die Krankensalbung gespendet. Manoel ist unbekannt in der Welt, ja sogar im eigenen Dorf. Wenn die Totenglocke läutet, sagt man hier einfach: „alguém morreu“, irgend jemand ist gestorben. Morgen, am Weihnachtstag, ist die Beerdigung. Das tropische Klima erlaubt es nicht, länger zu warten. Manoel war ein Mensch wie du und ich, lebte und liebte, arbeitete und litt. Jetzt ist er heimgegangen. Keinen Schmerz wird er mehr fühlen. Gott hab ihn selig!

Bei meiner Rückkehr ins Pfarrhaus höre ich von der Kirche das Geräusch kehrender Besen. Frauen richten das Gotteshaus für den Weihnachtsabend her. Daneben im Garten sehe ich Pater Nicola Papaia-Früchte ernten. An einer langen Stange hat er einen Korb befestigt. Mit dem Ende der Stange stößt er an den Stiel der Frucht, die sich ablöst und in den Korb fällt.

Unter den Aufzeichnungen meines Onkels Erich, der Weihnachten 1934 in Porto de Moz war, findet sich ein Brief, den er damals an einen Freund geschrieben hatte. Ich habe ihn öfters gelesen und er vermittelt einen Eindruck, wie es damals war. Hat sich seither etwas geändert? Mein Onkel schreibt am 25. Dezember 1934:

„Lieber Freund!

Kann ich diesen Tagen überhaupt den Namen ‚Weihnachten' beilegen? Erste Weihnachten im fremden Erdteil! Ich ahnte wohl, daß mich eine natürliche Traurigkeit, die Sehnsucht nach der heimatlichen Weihnacht, beschleichen würde. Es kam jedoch ein anderes betrübendes Moment dazu, das mir tiefer ins Herz fuhr.

Heiliger Abend!

Wir hatten eben unsere tägliche Mahlzeit von Reis und Bohnen dankbaren Herzens zu uns genommen. Unser Speisetisch steht nicht in einem Zimmer, sondern auf einer geräumigen Veranda. Elektrisches Licht gibt es hier nicht.

Ich blieb noch eine Zeitlang beim matten Scheine der Lampe sitzen, die nur so recht geeignet war, alle möglichen Insekten anzuziehen. Es gibt ja hier eine Unmenge. Ich sah ihnen zu, wie sie sich am Zylinder stießen und manchmal unvorsichtig auch ihre buntfarbigen Flügel verbrannten. Ich war ganz in die Betrachtung dieser schönen, kleinen Tierchen versunken, als mir auf einmal wieder der Gedanke wie ein grelles Blitzlicht aufstieß: ‚Ah, heute ist ja Heiliger Abend!'

War denn gar nichts da, was uns daran erinnern sollte? Mein Bruder Willy war noch mit dem Spülen des Geschirres beschäftigt und Pater Clemens ist seit einigen Tagen auf einem gewöhnlichen Kahn auf einer Missionsreise. So war es still. Wir hätten können schön zusammen ‚Stille Nacht' spielen, aber Willy hatte kein Plättchen für die Klarinette und meine Gitarre war infolge der hiesigen Feuchtigkeit vollständig aus dem Leim gegangen.

Es fiel ein schwüler Tropenregen. Eintönig plätscherte der Xingu an das Ufer.

Da geht die Türfalle: jemand schlürft in Holzpantoffeln

den Hausgang herein. Eine magere Gestalt mit bleichem Gesicht und blutarmen Lippen, wie die meisten Leute hier aussehen durch die Fieberkrankheiten. Wenn man nichts anderes zu reden weiß, beginnt man mit dem Wetter. ‚Werden heute nacht wohl viele Leute zur Mette kommen, wenn es so regnet und die wenigsten einen Regenschirm besitzen?' Er meinte, mit dem aufgehenden Mond nach zehn Uhr werde der Regen aufhören. Und so war es auch.

Nach einer längeren Pause blickte er mich unruhig an: ‚Heute nacht gibt es Tanz!' ‚In der Heiligen Nacht tanzen? Arme Weihnacht! Wirklich?' stieß ich hervor. ‚Sim, Senhor!' bekräftigte er. Wenn es Zeit zur Messe sei, breche man ab und gehe zur Kirche.

Etwas nach elf Uhr zünden wir die Lampen in der Kirche an. Der Klang der beiden Glöckchen ruft durch die Heilige Nacht: ‚Menschen kommt zur Krippe, der Weltheiland ist geboren!'

Vielleicht sind die Vögel am anderen Xingu-Ufer vom nächtlichen Schlaf erwacht. Die Fledermäuse fliegen verwirrt hin und her. Nur die Menschen sollen es nicht vernommen haben? Es geht schon gegen dreiviertel zwölf Uhr... und noch immer die schrillen Töne der Tanzmusik. Ich schicke den Ministranten, er solle nochmals läuten, noch eindringlicher als zuvor...

Unser Kirchlein in Porto de Moz wollte an diesem Hochfeste auch feierlicher aussehen als sonst. Am Vortage hat man viele Kübel Wasser vom Xingu in die Kirche getragen. Aber nach zwei Tagen war wieder derselbe beschmutzte Boden. Du kannst Dir gar nicht vorstellen, was für ein Kreuz wir hier haben mit den Fledermäusen. Sie sind größer als in Europa. Die hiesigen nennt man, glaub' ich, in unseren Schulbüchern Vampire. Sie nisten in großer Zahl oben am Dache; da nun unsere Kirche keine Decke hat, also unmittelbar über dem Kirchenraum das Ziegeldach sich spannt, ist die Plage um so größer. Sie verunreinigen alles: den Fußboden, die Wände, die Altartücher, und verbreiten zudem einen modrigen Geruch. Man hat schon alles Mögliche probiert, um sie zu vertreiben. Alles umsonst.

Jetzt haben wir ein letztes Mittel angewandt, das bei Euch in Europa beinahe Furcht einflößen würde. Ein Mann war im Urwald auf Jagd. Dabei gelang es ihm, eine schöne Schlange einzufangen. „Jibóia" nennt man sie. Sie hat 1,50 m und ist nicht giftig, aber wenn sie dann 5 m wird, ist sie gefährlich wegen ihrer außerordentlichen Kraft. Daß sie nicht giftig ist, kann ich selbst bezeugen. Als ich sie vom Jäger bekam, hab' ich sie genommen und sie hat sich richtig um meinen Arm geschlungen. Natürlich hab' ich sie am Kopf schon vorsichtig festgehalten. Man kann ja schließlich doch nie recht trauen.

Ich hab' sie dann bis anderen Tags in eine Kiste gesperrt. Ich muß sagen, ich hatte Freude an diesem Tiere. Abgesehen von der schönen Musterung, welche die Jibóia besaß, sollte sie jetzt einen großen Dienst in der Kirche versehen, nämlich mit den Fledermäusen aufräumen.

Anderen Tags nahmen wir die Kiste mit der Schlange in die Kirche und ein Mann sollte sie auf das Dach hinaufbringen. Er wollte aber die Jibóia nicht anfassen, da er ihr nicht traute. Nun wollte ich sie vorsichtig, aber schnell beim Hals ergreifen. Sie war aber schneller als ich und schon waren ihre spitzigen Zähne in meinen Händen. Es blutete ziemlich stark. Auf das war ich nie gefaßt gewesen. Wenn sie jetzt dasselbe mit den Fledermäusen macht, will ich ihr darob nicht zürnen, daß sie mich gebissen hat.

Nun bin ich ganz vom Thema abgekommen. Ich sagte also, daß es hier sehr schwierig ist, die Kirche in reinem Zustand zu erhalten. Außer den Fledermäusen gibt es noch viele andere kleine Kriechtiere, die lästig sind; darunter besonders die roten Ameisen.

Was unser Kirchlein weihnachtlich stimmte, war die schöne Krippe, die ich von Europa mitgebracht habe. Unter den Figuren gab es da auch einen schwarzen Hirten, der den Leuten ganz besonders gefiel. Es gibt hier ja auch viele Schwarze. Dieser Hirte war ihr Vertreter bei der Krippe.

Bis Du diesen Brief erhältst, wird es bei Euch wieder Frühling sein, denn es kommt nur alle zwei bis drei Wochen ein Schiff hierher.

Grüße durch das Gotteskind,

P. Erich Kräutler C.PP.S., Xingu-Missionar"

Nach mehr als einem halben Jahrhundert, seit dieser Brief geschrieben wurde, stelle ich die Frage: „Hat sich etwas verändert!"

Na ja, die Fledermäuse, „in unseren Schulbüchern ‚Vampire'" genannt, wie mein Onkel meinte, gibt es immer noch, wenn auch in geringerer Anzahl in der Kirche. Seit Pater Fritz das Ziegeldach durch großflächige Dachplatten ersetzte, finden diese Viecher nicht so einfach Unterschlupf. Dennoch kam es einmal vor, daß ich während eines Gottesdienstes eine richtige Ladung Kot auf den Kopf bekam. Die Schlange, die damals ihren kirchlichen Dienst versah, ist längst in den „ewigen Jagdgründen".

Und wie ist es mit den Nachfahren des Volkes, das an jenem Heiligen Abend des Jahres 1934 den Tanz der Christmette vorzog?

Für zehn Uhr abends ist die Christmette angesetzt. Aber schon eine Stunde zuvor ist die Kirche gesteckt voll. Alt und jung sitzt einfach da und wartet auf den Beginn der Feier. Viele kommen zur Beichte. Die Krippe aus Europa gibt es nicht mehr. Dafür haben die Leute selbst eine Krippe gebastelt, auf ihre Art und Weise, nach ihrem Empfinden und ihrer alltäglichen Erfahrung. Da gibt es nicht nur „einen“ schwarzen Hirten. Die meisten sind dunkler Hautfarbe, genauso wie die Menschen, die jetzt in der Kirche sitzen. Das Jesuskind liegt nicht in der Krippe, sondern in einer Hängematte. Denn hier geht niemand auf Reisen und läßt seine Hängematte zu Hause. So stellen sich die Leute auch Maria und Josef vor. Sie waren ja von Nazaret nach Betlehem gereist. Und da waren doch sicher Hängematten in ihrem Reisesack! Die Flora rund um den Stall von Betlehem besteht nicht aus Tannenbäumchen oder -zweigen. Um die Krippe zu schmücken, wurden Sträucher herbeigeschafft, die hier in Porto de Moz wachsen.

Um zehn Uhr läuten dieselben Glocken wie damals, als meine beiden Onkel Erich und Willy 1934 hier die ersten Weihnachten „im fremden Erdteil“ feierten. Nur läuten sie nicht mehr, um die Leute aus der Tanzdiele zu holen. Die Kirche ist ja längst übervoll. Die meisten haben keinen Sitzplatz. Die Glocken läuten die Weihnacht ein. Eine wunderbare, bis in alle Details vorbereitete Liturgie beginnt. Aus vollen Kehlen werden die Weihnachtslieder gesungen. Das „Gloria der Armen“ ist wie eine Litanei: Priester und Volk wechseln sich ab. Die Lesungen werden von Katechistinnen vorgetragen. Ich singe das Evangelium. Nach der Frohen Botschaft von der Geburt Jesu tritt die Jugend in Szene. Sie hat ein Weihnachtsspiel vorbereitet: die Herbergssuche, die Geburt im Stall, die Hirten, der Chor der Engel… Es gefällt den Leuten. Spontan klatschen sie Beifall. Ich beginne mit der Predigt. Weihnachten ist das Fest der Option Gottes für die Armen. In Armut ist Gott Mensch geworden. Er ist nicht in einem Palast der Reichen geboren. Nein, außerhalb der Stadt, in einem Stall. In der Herberge gab es keinen Platz für die schwangere Frau. Es waren die Armen der damaligen Zeit, die Hirten, denen der Engel verkündete: „Heute ist euch in der Stadt Davids ein Heiland geboren, der Messias und der Herr." (Lk 2,11) Durch die ganze Heilige Schrift zieht sich die Option Gottes für die Armen, die Ausgegrenzten, die an den Rand Gedrängten, wie ein roter Faden hindurch. Gott hörte den Schrei seines Volkes in Ägypten und stieg herab, um es zu befreien (vgl. Ex 3,7-8). Selbst der Name „Jesus" bedeutet: „Gott befreit". Gott selbst stellt sich im menschgewordenen Sohn auf die Seite der Armen und preist sie „selig", nicht weil sie reich werden sollten, sondern weil sie die „Gerechtigkeit des Reiches Gottes" kennenlernen werden. Weihnachten ist das Fest der Geburt Christi und gleichzeitig das Fest der Liebe Gottes zu den Armen. Weihnachten ist aber auch Auftrag an die Armen, die „Kirche der Armen", das Reich Gottes aufzubauen, den Traum Gottes von Gerechtigkeit und Frieden, von Liebe und Versöhnung Wirklichkeit werden zu lassen. Beginnen wir hier und jetzt damit, in unserem eigenen Umfeld, in unseren Gemeinschaften und Familien. Gott hat sich der Armen angenommen! Wir dürfen niemanden ausgrenzen, weil sie oder er eine andere Hautfarbe hat oder weil sie oder er kulturell anders ist, wie unsere Indios. Haben wir den Mut, nicht nur die Frohe Botschaft zu verkünden, sondern alle Strukturen anzuprangern und abzubauen, die dem Evangelium widersprechen. Alleingänge sind nicht angebracht! Als Gemeinde, als Gemeinschaft aller, sind wir, wie Paulus sagt, „von Jesus Christus ergriffen" (vgl. Phil 3,12) und treten für die Armen ein. Gleichzeitig stellen wir uns gegen das Elend, das ihnen ungerechtfertigt aufgebürdet wird. Gott offenbart sich als lebendiger

Gott, als Gott des Lebens, als ein Gott der hört, sieht, fühlt, herabsteigt und die Gerechtigkeit liebt. Gerechtigkeit wird zur einzig wahren Liturgie, die Gott gefällt. Er verabscheut alle Frömmigkeit, die von der Liebe zum Schwachen, zum Armen, zum Gedemütigten, zum Verachteten, getrennt ist. Und weil Gott ein Gott des Lebens ist, nimmt er Partei für alle jene, denen „Leben" verweigert, geraubt, abgesprochen wird, die in ihrem Leben gefährdet oder bedroht sind, die nach mehr Leben schreien.

Nach dem Glaubensbekenntnis kommen die Fürbitten. Es gibt sehr viele. Eine Frau betet für ihren kranken Mann, eine schwangere Mutter um eine gesunde Niederkunft in den nächsten Tagen. Ein Mann betet zu Gott, er möge ihm eine Arbeitsstelle verschaffen. Ein Mädchen erfleht den Segen Gottes für die gemeinsame Zukunft mit dem Burschen, den sie bald heiraten wird. Die Angehörigen des verstorbenen Manoel bitten um die ewige Ruhe ihres Vaters und Bruders. Ein Kind betet: „Laß meine Mama gleich gesund werden!" Auch ich denke an meine Mama, die jetzt im Spital liegt.

Bei der Opferung tragen Männer und Frauen, Jugendliche und Kinder ihre Gaben zum Altar. Es sind Symbole ihrer täglichen Erfahrung. Eine Haue, ein Buschmesser, ein Topf, ein Besen, ein Schulheft, eine Puppe. Dann eine Schüssel Reis, eine Handvoll Bohnen, ein Säckchen mit Maniokmehl.

Gemeinsam mit Pater Nicola spreche ich den Einsetzungsbericht aus dem Vierten Hochgebet: „Da er die Seinen liebte, die in der Welt waren, liebte er sie bis zur Vollendung. Und als die Stunde kam, da er von dir verherrlicht werden sollte, nahm er beim Mahl das Brot ... Ebenso nahm er den Kelch mit Wein ..." Singend antwortet die Gemeinde: „Deinen Tod, o Herr, verkünden wir, und deine Auferstehung preisen wir, bis du kommst in Herrlichkeit."

Das Vaterunser wird gesungen. Hier ist es üblich, daß das ganze Volk die Hände zum Himmel erhebt. Der Friedensgruß bringt einige Bewegung in die Kirche. Alle wollen einander umarmen und „Frohe Weihnachten" wünschen. Es dauert geraume Zeit, bis wieder Ruhe in der Kirche herrscht. Leute, die mich noch nicht umarmt haben, kommen an den Altar, unterbrechen mich beim „Seht das Lamm Gottes", sprechen den Friedensgruß und „Frohe Weihnachten!" Bei der Kommunion gibt es immer wieder eine ganz persönliche Begegnung. Ich spreche die Worte: „Der Leib Christi!" Ein alter Mann sagt nicht „Amen", sondern: „Ja, ich möchte ihn empfangen!" Eine Frau lächelt mich dabei an und meint: „Ich freue mich, daß du heute Nacht bei uns bist! Gott segne uns alle! Mit Freuden empfange ich den Leib des Herrn!"

Vor dem Schlußsegen singen wir das „Noite Feliz", „Stille Nacht". Ich bin immer wieder überrascht, daß die Leute meinen, das sei ein brasilianisches Lied. Ich lasse ihnen die Freude und habe nie lang und breit erklärt, dieses Lied stamme aus Österreich. „Áustria" ist für dieses Volk beinahe so weit weg wie die Milchstraße. Und übrigens gehört dieses Weihnachtslied nicht mehr nur den ÖsterreicherInnen. Es gehört längst allen Menschen dieser Welt.

Die Christmette dauert sehr lange. Es ist kurz vor Mitternacht. Als ich die Kirche verlasse, höre ich das Hupsignal eines ankommenden Schiffes im Hafen von Porto de Moz.

Einige Minuten später klopft ein Bursche an die Tür des Pfarrhauses. Ich öffne. Er überschlägt sich geradezu in seiner Berichterstattung. Er komme gerade aus Altamira. „Weißt du das Neueste, Dom Erwin? In der

Nacht zum Heiligen Abend wurde eine Kirche an der Transamzônica dem Erdboden gleichgemacht. Die Großgrundbesitzer haben ihre Drohungen verwirklicht. Lastwagen fuhren vor und in deren Scheinwerferlicht machte sich eine Schubraupe an die Arbeit. Sie rammte die Kirche von allen Seiten und brachte sie zum Einsturz. Dann fuhr sie über den Ziegelhaufen, der von der Kirche übrig geblieben war und zermalmte alles." Von der ehemaligen Kirche, die mit viel Einsatz und aufopfernder Liebe gebaut wurde, blieb nur noch Schutt und Staub.

Unwillkürlich kommen mir die Worte aus dem Matthäus-Evangelium in den Sinn: „Wenn ihr dann am heiligen Ort den unheilvollen Greuel stehen seht, der vom Propheten Daniel vorhergesagt worden ist, dann sollten alle Bewohner von Judäa in die Berge fliehen." (Mt 24,15-16)

In dieser „Heiligen" Nacht finde ich kaum Schlaf, nicht weil Regen auf meine Hängematte tropft oder Vampire ihr Unwesen treiben. Ich kann einfach nicht verstehen, daß gerade an diesem Tag, an dem wir in den Chor der Engel einstimmen: „Ehre sei Gott in der Höhe und Frieden den Menschen seiner Gnade!" Haß und Abneigung so weit gehen können. Sie haben diesmal „nur" ein Gebäude zerstört, aber die Kirche – das pilgernde Volk Gottes – wird ihren Weg weitergehen. „Die Pforten der Hölle werden sie nicht überwältigen." (Mt 16,18)

Ángela, wo sind die anderen von damals?

Ich bin in Gurupá, der nördlichsten Pfarre des Bistums. Sie liegt fast am Äquator. „Mariocai" hießen die Indianer, die hier lebten und ihre Siedlung. Seit Jahrhunderten gibt es dieses Volk nicht mehr und heute erinnert nur noch eine Straßenbezeichnung an seine einstige Existenz in dieser Gegend.

Es waren nicht nur Spanier und Portugiesen, die sich vom Reichtum der „Neuen Welt" angezogen fühlten und in besitzergreifender Gier den erst „entdeckten" Kontinent unterwerfen wollten. Ihnen folgten Engländer, Franzosen und Holländer. Die einzelnen Nationen machten sich die eroberten Gebiete gegenseitig strittig.

Zuerst kamen die Holländer in diese Region, aber ihre Macht war nur von kurzer Dauer. Sie wurden vom portugiesischen Großkapitän Bento Maciel Parente verjagt, der im Jahre 1623 ihre Festung einnahm. Der neue Machthaber errichtete den „Forte de Santo Antônio de Gurupá". Heute noch geben einige Ruinen und aufgepflanzte Kanonenrohre Zeugnis vom Kampf gegen die Holländer.

In den Chroniken der Jesuiten, die im 17. und 18. Jahrhundert in Gurupá bei den Indianern wirkten, finden sich bezaubernde Aufzeichnungen. Pater Luis Figueira, der erste Missionar im Amazonasgebiet, kam im April 1636 an diesen Ort. Von allen geschätzt und geliebt, wollte ihn die Urbevölkerung nicht mehr des Weges ziehen lassen. Inständig flehten und baten die Indios um sein Bleiben, denn nur er könne sie gegen die portugiesischen Machthaber verteidigen. Eine herzzerreißende Abschiedsszene zeigt die große Not der Indianer, als Pater Figueira erklärte, er müsse weiter. In der „Geschichte des Jesuitenordens in Brasilien" steht zu lesen: „Die Indio-Frauen umzingelten ihn und gaben zu verstehen, daß sie ihn nicht abreisen lassen wollten. ‚Geh nicht fort, Vater! Du darfst uns nicht verlassen!‘ riefen sie aus. Er bestand dennoch darauf und erklärte, warum er weiter müsse. Plötzlich sagte eine der Frauen zu den anderen: ‚In die Höhe mit ihm! Wir nehmen ihn mit uns!‘ Weinend umarmten die Indianerinnen den Missionar und hoben ihn in die Luft. Die einen faßten ihn am Gurt, die anderen an den Armen und Füßen. So trugen sie ihn bis zur Kirche.“ Dem Chronisten scheint diese Szene etwas peinlich zu sein. Deshalb kommentiert er ein wenig verlegen: „Die Frauen taten dies mit allem Respekt und der gebotenen Schicklichkeit!“ Schließlich erreichte der Pater dennoch den Hafen und verabschiedete sich vom klagenden Volk.

Pater Luis Figueira sollte Gurupá nie mehr wiedersehen. Unweit der Insel Marajó erlitt er Schiffbruch. Dort, wo sich der Amazonas in die salzigen Wasser des Atlantik verliert, fand er seine letzte Ruhestätte.

Ich bin also an diesem historischen Ort, der von kriegerischen Ereignissen und gierigen Landnahmen, aber auch von liebevoller missionarischer Tätigkeit in vergangenen Jahrhunderten zeugt.

Während der Tage meiner Pastoralreise zu den 65 Basisgemeinden dieser Pfarre hatte ich kaum Möglichkeit, meine Eindrücke auf Papier zu bringen. Bei den oft stundenlangen Flußreisen von einer Gemeinde zur anderen machte der hohe Wellengang auf dem Amazonas das Schreiben unmöglich. Auch fehlte mir die nötige Ruhe, um meine Gedanken zu ordnen. Dennoch, um ja nichts zu vergessen, machte ich stichwortartige Notizen von dem, was mich dieser Tage bewegte.

Am 6. Mai nachmittags, kurz nach fünf Uhr holt mich ein Lastwagen des Gemeindeamtes von Gurupá ab. Die zum Teil recht abenteuerliche Reise dauert knapp eine dreiviertel Stunde. Zuerst folgt der LKW der Landepiste, die von Gras überwachsen und streckenweise sogar versteppt ist. Der Linienverkehr, vor Jahren zweimal in der Woche, ist eingestellt.

Auf einer erdenklich schlechten Straße wechseln sich „Festland“ und mit Wasser gefüllte „Krater“ ab. Hin und wieder versinken die Räder vollends im Schlamm. Der Lastwagen dringt immer weiter in das sumpfige Quellgebiet des Itapereira-Flusses vor. Vorsichtig geht es über eine schmale Brücke, die eher einem Floß gleicht und es ist nur der Aufmerksamkeit und den Fahrkünsten unseres ortskundigen Lastwagenfahrers zu verdanken, daß wir ohne größere Zwischenfälle das Ziel erreichen. Vor uns erscheint ein Fußballplatz auf der Bildfläche und der Lenker meint: „Das ist jetzt Endstation!“ Zwar gehe die Straße – sprich: Waldschneise – noch ein Stück weiter, aber der LKW könne dort nicht mehr wenden, es sei denn, wir würden einige Bäume fällen.

Ich nehme das Gepäck, schultere meine vollbepackten Taschen und wir marschieren los. Schon nach einigen Minuten ist der Weg von einer Menschenmenge abgesperrt. Frauen, Männer und eine Riesenschar von Kindern begrüßen mich freudig mit einem Lied. Hundertemal wiederhole ich den Kindern das „Deus te abençoe!“ Mit entgegengestreckten Händchen erbitten sie den Segen, so wie sie es bei ihren Eltern, Großeltern und Paten tun. Ein uralter und sehr herzlicher Brauch.

Das Volk hier ist fahl im Gesicht, fast alle Leute sind kleingewachsen. Man sieht ihnen die Unterernährung an. Alle riechen sie nach Wald. Wieder sind sie zusammengekommen. Auch Menschen aus anderen Gemeinden sind da, manche von ihnen waren Stunden unterwegs, zu Fuß oder mit dem Boot. Einige husten und nießen, Anzeichen von Erkältung oder Grippe.

Durch das Dickicht sind die ersten Häuser zu erkennen, das eine oder andere weiß getüncht. Nur noch Minuten und wir sind bei der Kapelle. Daneben ein ziemlich geräumiger Saal.

Natürlich finden in der Kapelle heute nur wenige einen Sitzplatz. So entschließt man sich für den größeren Saal. Den Wänden entlang sind sehr schmale Bänke angebracht, nicht breiter als eine Spanne. Mir wird ein winziges Stockerl zugeteilt und – wie sich zeigen wird – werde ich stundenlang auf dieser schulheftgroßen Sitzgelegenheit, ohne Rückenlehne, geduldig ausharren müssen.

Alle drängen sie jetzt in den Raum und beim Anblick dieser bunten, erwartungsvollen Menschenmenge kommt mir jenes Evangelium in den Sinn, bei dem ich mir immer schwer tue, es den Leuten zu erklären.

„... und der Festsaal füllte sich mit Gästen". Matthäus erzählt das Gleichnis Jesu vom königlichen Hochzeitsmahl. (Mt 22,1-14) Ein König schickt seine Diener aus, um die bereits geladenen Gäste zur Hochzeit seines Sohnes abzuholen. Die Geladenen zeigen aber kein Interesse am Fest. Die Aufmerksamkeit und Wertschätzung des Königs kümmert sie nicht. Im Gegenteil: Über die wiederholte Einladung sind sie so aufgebracht, daß sie handgreiflich werden und die königlichen Diener mißhandeln. Es gibt sogar Tote. Der König ist außer sich vor Wut und schickt seine Diener wieder aus. Diesmal gibt er ihnen den Befehl, all jene einzuladen, die sie auf den Straßen antreffen. An wen ergeht nun die Einladung? Wer ist bei uns auf den Straßen und Plätzen zu finden? Arme, arbeitslose Männer, mißhandelte Frauen, verstoßene Straßenkinder, gedemütigte Arbeiter, verlassene Mütter, Behinderte, Obdachlose, ihrer Rechte beraubte Indianer. Sie kommen alle zum Fest und freuen sich über die Einladung.

Da kommt es nun zu dem Zwischenfall, der mir bei der Deutung des Gleichnisses Schwierigkeiten macht. Der König begrüßt die Gäste, bemerkt unter ihnen einen Mann ohne Hochzeitsgewand und läßt ihn hinauswerfen. Warum wird da plötzlich von allen Anwesenden ein „Hochzeitsgewand" verlangt? Diese plötzliche Forderung nach einem Festkleid konnte ich nie ganz verstehen. Während meiner Studienzeit versuchte mir ein erfahrener Exeget eine Erklärung zu geben und behauptete: „Damals erhielt jeder geladene Gast beim Eingang zum Festsaal sein Hochzeitsgewand!"

Also ist dieser Mann von der Straße auf krummen Touren in den Festsaal gekommen und sorgte sich nicht um das Gewand, das man ihm geliehen hätte. Inmitten der Festgemeinschaft der Ausgegrenzten ein „Außenseiter"? Ein Mensch, der dem Abgrund noch näher ist? Und er wird unsanft ins Freie befördert. Rausschmiß! Der Mann heult und knirscht mit den Zähnen. So im Gleichnis Jesu, das uns Matthäus überliefert.

Eigenartig, daß mir gerade dieses Gleichnis in den Sinn kommt. Ja, diesen Leute von Bacá, Aracuteua, Icaropereira, Gurupaí und Mambuaçu ist ein tägliches Festmahl versagt. Sie sind alle arm und an den Rand gedrängt. Aber sie sind auserwählt zum Hochzeitsmahl. Ihnen schenkt der Herr seine besondere Liebe. Auch äußerlich kommen sie alle im „Hochzeitsgewand". Ihre besten Kleider trugen sie im Plastiksack mit. Kurz vor der Ankunft haben sie im Fluß ein Bad genommen und sich hübsch gemacht. Selbst ohne festliches Gewand gäbe es für diese Menschen keinen Rausschmiß. Sie kamen nicht auf krummen Wegen durch die Hintertüre und stahlen sich nicht durchs Fenster.

Das „Hochzeitsgewand" im Gleichnis Jesu ist ja die freudige Annahme der Einladung und Berufung Gottes, der seinem Volk in Gnade und Barmherzigkeit begegnet. Mit diesem Gewand hebt sich niemand vom anderen ab. Hätte sich einer dieser Ausbeuter, Sklavenhalter oder Leuteschinder in Anzug und Krawatte hier in diesem Saal unter die Armen gemischt, wer weiß, es wäre zu einem Rausschmiß gekommen. Es sei denn, der Mann hätte sich angesichts all dieser Ausgegrenzten, an denen er schuldig geworden ist, bekehrt und das Büßergewand angezogen, wie es seinerzeit in Mailand geschah. Es ist lange her, anfangs des 4. Jahrhunderts, als Bischof Ambrosius dem Kaiser Theodosius den Eingang in den Dom versperrte.

Bis auf den letzten Platz ist der Saal nun gefüllt und die Leute lassen mit dem Programm nicht lange auf sich warten. Nach dem schon zur Tradition gewordenen Vorstellen der einzelnen Gemeinden folgen umfassende Berichte über Aktivitäten und Initiativen. In all diesen Ausführungen spüre ich, wieviel Einsatz und Ausdauer die Leute aufbringen. Die Gemeindearbeit ist ein ständiges Auf-und-Ab, zwar mit Erfolgen, aber viel öfter mit entmutigenden Rückschlägen. Die Enttäuschungen prägen Wunden, die manchmal noch offen sind und sehr langsam vernarben.

Dennoch, eifrige Frauen erzählen von ihren Bemühungen. Auch die Jugend will sich in Gruppen besser organisieren. Stolz berichten die Gemeindeleiter von einem wirklichen Sieg im Kampf um gerechte Preise für ihre Produkte.

Das Gemeindeamt von Gurupá hatte über ihre Köpfe hinweg eine „offizielle“ Preistabelle erlassen. Das rief die Vertreter der kleinen Gemeinden auf den Plan. Sie wurden beim Gemeindeamt vorstellig und protestierten lautstark gegen den lächerlichen Preis, den man für Açaí, einen Saft aus der Palmfrucht, festgesetzt hatte. Natürlich rechnete niemand mit solch großem Widerstand von seiten der Bevölkerung. Man drohte sogleich mit Verhaftungen und gerichtlicher Verfolgung, doch die Leute beharrten auf ihren Preisforderungen und ließen sich nicht einschüchtern.

Eine Versammlung mit den Gemeindeautoritäten wurde einberufen: Bürgermeisterin, Vize-Bürgermeister, Staatsanwalt und andere „Ortsgrößen“ waren da, um diese aufmüpfigen Armen von Bacá zu „überzeugen“, daß der Preis völlig korrekt sei. Die vorgebrachten Argumente entbehrten jeder Grundlage und konnten weder beeindrucken noch überzeugen.

Was blieb der Bürgermeisterin jetzt übrig, als den Fehlschlag ihrer Maßnahme zur Kenntnis zu nehmen. Nach einem letzten Protest verließ sie wütend das Gemeindehaus. Der Vize-Bürgermeister und andere Gefolgsleute kamen ihr nach, in untertänigstem Gehorsam, dicht auf den Fersen. Unverrichteter Dinge drängten sie alle zum Ausgang. Wie sollte sich nun der in seinem Auftrag alleingelassene Staatsanwalt vor der aufgebrachten Menge behaupten und für irgendein „Gesetz“ eintreten? „Wenn schon alle anderen das Weite gesucht haben, bin ich der Ansicht, daß ihr im Recht seid!“ meinte er schließlich verdattert und schloß die Versammlung.

Spät abends zog ich mich zurück und richtete mir neben dem Altar in der Kapelle eine Schlafstatt ein. Wie sehnte ich jetzt diese Erholung herbei, nach diesen unendlich scheinenden Stunden auf dem unbequemen Stockerl mit so winziger Sitzfläche! Es war eine himmlische Wohltat, mich in die Hängematte fallen zu lassen und richtig durchzustrecken. Aber die jugendliche Fröhlichkeit aus dem nahen Saal hinderte mich noch lange am wohlverdienten Schlaf. Mädchen und Burschen taten sich zusammen, erzählten Geschichten und sangen, begleitet von einer Gitarre. Sollte ich den Jugendlichen das Fest nun vermiesen und ihnen die späte Stunde vorhalten? Es ist ja wirklich nicht alle Tage, daß sich die Gemeinden untereinander treffen und so nehmen sie den Besuch des Bischofs auch zum Anlaß zu einem längeren geselligen Beisammensein. Ich habe mir sagen lassen, daß manch zartes Band zu einer späteren Hochzeit bei solchen Festen geknüpft wurde. Von Herzen gönne ich den Mädchen und Burschen diese fröhlichen Stunden, wenn ich auch etwas in Sorge bin, wie ich das wohl zehn Tage und Nächte aushalten werde, fast ohne Schlaf. Aber es kam mir gleich in den Sinn, daß ich während der Fahrt zu der einen oder anderen Gemeinde an Bord schlafen kann und da habe ich dann doch Aussicht auf ruhige Nächte.

In der Morgendämmerung, gegen fünf Uhr früh, weckt mich plötzlich ein aufgescheuchtes Huhn. Hörbar verzweifelt sträubt es sich gegen eine Gefangennahme in aller Herrgottsfrüh. Von meiner Hängematte aus verfolge ich alle Etappen der Jagd. Ich kann zwar nichts sehen, aber das klägliche Gekreisch aus der Hühnerkehle ist nicht zu überhören. Die Verfolgung des Huhns scheint für die Frauen recht abenteuerlich zu sein, denn es dauert geraume Zeit, bis da nur noch murmelnde Frauenstimmen ihr Jägerlatein austauschen. Das Federvieh mußte sein Leben lassen und ich weiß, es war meinetwegen. Schon bei meiner Ankunft erklärten die Männer besorgt, daß es unmöglich war, ausreichend Fleisch oder Fisch für alle Gäste zu beschaffen.

In Gurupá, einer Gemeinde mit üppigen Fazendas, gibt es für das einfache Volk kein Fleisch und die Uferbewohner können vom einstigen Fischreichtum nur noch träumen. Riesige Kühlschiffe beuten den Amazonas und die Nebenflüsse aus und stehlen den Leuten die Nahrung vom Mund weg.

Um doch noch etwas auf den Tisch zu bringen, bot sich

als letzter Ausweg, getrocknetes, gesalzenes Fleisch von einem Händler zu kaufen. Ich befürchtete Schreckliches, denn ich hatte diese Speise schon öfter probiert. Sie setzte mir jedes Mal so arg zu, daß ich tagelang an Magenkrämpfen und Verdauungsstörungen litt. Also war die Schlachtung dieses Huhns für mich ein Grund zum Aufatmen, denn ich war sicher, dieses Huhn, in „veredelter Form", mittags bei Tisch zu Gesicht zu bekommen.

Bei der Messe am Vormittag macht sich anfangs Müdigkeit breit. Die ereignisreiche Nacht scheint allen zugesetzt zu haben. Dennoch ist es eine schöne Feier.

Als Evangelium wird ein Text von Lukas gewählt. Oft werden die Verse 16 bis 30 aus dem 4. Kapitel in den kleinen kirchlichen Basisgemeinden feierlich als „Worte der frohen Botschaft" verkündet. Jesus liest in der Synagoge seiner Heimatstadt Nazaret aus dem Buch des Propheten Jesaja: „Der Geist des Herrn ruht auf mir; denn der Herr hat mich gesalbt. Er hat mich gesandt, damit ich den Armen die frohe Botschaft bringe, (...) den Unterdrückten die Befreiung verkünde." Und Jesus erklärt dazu: „Heute hat sich dieses Schriftwort, das ihr eben gehört habt, erfüllt." Zunächst erhält er Beifall und die Hörer staunen über seine Redegewandtheit. Die Begeisterung schlägt jäh um und die Anwesenden erblassen vor Neid. „Ist das nicht der Sohn Josefs?" bekritteln sie die Herkunft Jesu aus bescheidenen Verhältnissen. Jesus ist allen überlegen. Wie das so oft geschieht, wenn Argumente fehlen, schlagen Neid, Eifersucht und Dummheit in Gewalt um. Jesu Landsleute legen Hand an den „Sohn Josefs", treiben ihn zur Stadt hinaus und wollen ihn von einem Abhang hinabstürzen.

Jesus stellt an den Beginn seines öffentlichen Wirkens die klare, unmißverständliche „Option für die Armen". Die ganze Bibel ist die Offenbarung dieser vorrangigen

Liebe Gottes für die Benachteiligten, die Ausgestoßenen, die an den Rand Gedrückten, für alle, die aus dem Abgrund ihrer Not, ihres Elends, ihres Schmerzes, ihres Hungers, ihrer Angst, ihrer „Todesbedingungen“ um Hilfe schreien.

Die Befreiungstheologie hat gerade den Zusammenhang zwischen Gott, den Armen und ihrer Befreiung wiederentdeckt und zwar nicht, wie das so oft behauptet wird, aus gesellschaftspolitischen und wirtschaftlichen Erwägungen, sondern aus der Offenbarung selbst. Dieser Zusammenhang ist biblisch, in unserem Glauben begründet, selbst wenn sich heute manche im sogenannten „konservativen“ Lager daran stoßen und dagegen aufbegehren. Diese Kritiker machen immer eine feinsäuberliche Trennung zwischen Glauben und Leben, zwischen „religiöser Sendung“ und menschlicher Realität. Sie werden nicht müde, die Befreiungstheologie zu verteufeln, statt endlich den Mut zu fassen, ungerechte Strukturen anzuprangern und für die Änderung eines so grausamen Systems einzutreten, das Reiche immer reicher werden läßt, auf Kosten der Armen, die immer ärmer werden.

Aber sie wollen die alte, so „un-heilige“ Allianz mit den Machthabern dieser Welt nicht aufkündigen, denn im Bündnis mit den Mächtigen und Reichen läßt es sich geruhsamer leben und man muß weder Verfolgungen noch Diffamierungen befürchten. Märtyrer wird es in einer solchen Kirche nie mehr geben!

Nicht außergewöhnlich ist, wenn wir heute von Großgrundbesitzern, Politikern und Händlern angegriffen werden, weil wir unseren Standort auf die Seite der Armen gewechselt haben und uns für sie einsetzen. Die Aufkündigung des jahrhundertelangen Paktes der Kirche in Lateinamerika mit der reichen Oberschicht ruft

Ablehnung bei jenen hervor, die das Volk unterdrücken und in Politik und Wirtschaft das Sagen haben.

Es ist schmerzlich, wenn man aus den eigenen Reihen Hiebe erhält, mißverstanden und verurteilt wird. Nun, es ging Jesus nicht anders. Gleich bei der ersten grundsätzlichen Aussage in der Synagoge seiner Heimatstadt Nazaret wurde er aus den eigenen Reihen angegriffen und seine Feinde ließen ihm keine Ruhe, bis sie ihn schließlich ans Kreuz schlugen.

In der Eucharistie feiern wir jedesmal die Option Gottes für die Armen und verkünden den Tod und die Auferstehung Jesu, unseres Herrn, der uns so sehr geliebt hat, daß er sein Leben hingab.

Die Feier ist zuende, oder noch nicht. Das gemeinsame Mittagessen gehört doch auch zur Liturgie! Wie vermutet, wird tatsächlich gebratenes Huhn aufgetragen. Wahrscheinlich gibt es da noch andere, denen „Charque", dieses getrocknete Salzfleisch, nicht bekommt. Ein kurzes Mittagsschläfchen hätte mir gut getan, ist mir aber nicht vergönnt, denn der Lastwagenfahrer drängt zur Abreise und will für die Weiterfahrt und seinen Rückweg das Tageslicht ausnutzen. Unterwegs lassen wir immer wieder Leute auf die Ladefläche steigen, um ihre Reise zu verkürzen. Bei Ajó, dem „Hafen" von Pucuruí, ist die Reise auf dem Landweg zuende. Nun heißt es auf das Boot warten, das uns bis zum Camutá, einem Nebenfluß des Pucuruí, mitnehmen soll.

Ein außerordentlich nettes Erlebnis verkürzte die Wartezeit. Unweit vom Ufer gab es einen Garten. Darin ein Orangenbaum mit sehr einladenden Früchten. Ein Bursche kletterte auf den Baum und versprach „für den Bischof" Früchte zu pflücken. Ich war natürlich nur ein Vorwand für diese „diebische Ernte", denn auf einmal saugten da an die zwanzig Personen, Frauen, Männer und

Kinder, den Saft in der ihnen eigenen Weise. Mit einem Buschmesser wird der Orange an der Stielseite die Kappe abgeschnitten und rundherum dünn geschält, weil die Schale eine leicht ätzende Flüssigkeit absondert, die für die Lippen unangenehm ist. Während man mit den Händen die Frucht preßt, wird an dieser Öffnung so lange gesaugt, bis kein Saft mehr auszudrücken ist. Ich bekomme natürlich auch meine Orangen zum Mitnehmen. Ein herrliches Schauspiel, wie da alt und jung zum Burschen auf dem Baum schreien und mir dabei lachend zuzwinkern: „Gib mir eine Orange für den Bischof!"

In der Ferne ist bereits das Tuckern eines Motorbootes zu vernehmen, aber bis das Boot tatsächlich an der Biegung auftaucht, vergeht noch einige Zeit. In diesem Reich von Wald und Wasser hört man jedes Geräusch schon von weitem.

Daniel, ein Schwarzer, sitzt am Steuer. Ich kenne ihn seit vielen Jahren. Er legt das kleine Boot an. Sieben Personen sind bereits an Bord, obwohl an sich nur vier Personen für einen solch winzigen Transport zugelassen wären. Das Boot ist nicht überdacht. Ich blicke besorgt zum Himmel und weiß, was in Kürze auf uns herabkommen wird. Trotz des schon überfüllten Bootes gibt es noch ein Plätzchen für mich, ganz nach dem brasilianischen Motto: „Sempre há lugar para mais alguém." Es gibt immer noch für eine(n) Platz. Allerdings weiß ich kaum, wohin mit den Beinen und kann mich während der ganzen Bootsfahrt kaum regen. Meine Ahnung finde ich bald bestätigt und ein heftiger Regen prasselt auf uns nieder. Die Sonne schickt sich an, unsere Kleider zu trocknen, aber schon schieben sich wieder Wolken vor und es folgt der nächste Regenschauer.

Etwas durchnäßt erreichen wir schließlich die Gemeinde Nossa Senhora de Fátima. Wie immer erwarten mich die Leute am Flußufer. Nach der herzlichen Begrüßung dann der gemeinsame Gang zur Kapelle. Auf dem Vorplatz entdecke ich gleich den Votivbaum. Dieser mit Blättern und Früchten geschmückte Mast trägt die Fahne der Patronin, Unsere Liebe Frau von Fátima, und bekundet den Vorbeikommenden, daß die Gemeinde eine Novene zu Ehren ihrer Patronin hält.

In ungeordneter, aber dennoch feierlicher Prozession ziehen wir in das zierliche Kirchlein und zunächst „gehöre" ich den Kindern, die aus vollen Kehlen ein Lied nach dem anderen singen und mir gleich ihr Wissen unter Beweis stellen. Einige Kinder erkenne ich vom letzten Besuch – nur sind sie alle größer geworden. Manche von ihnen wuchsen im Laufe der vergangenen zwei Jahre zu kräftigen Burschen und hübschen Mädchen heran. Sie haben ihre besten Kleider angezogen und selbst in diesem, weit von der Stadt abgelegenen Ort, darf bei den jungen „Damen" Nagellack und Lippenstift nicht fehlen.

Am Abend versammelt sich die Gemeinde zur vierten Andacht der Novene in der Kapelle. Die sogenannten „foliões", eine Gruppe von Männer in ihrem traditionellen Gewand, eröffnen den Gottesdienst. Ihnen kommt die Aufgabe zu, die Fahne mit dem Bildnis der Patronin zu tragen und die Novene musikalisch zu umrahmen. Der Gesang, eine melodiöse Weise voll von ergreifendem Ausdruck, wird von den Foliões mit Inbrunst oft und oft wiederholt. Es sind fünf hagere Männer, die dazu ihre Instrumente spielen: verschiedene Schlagzeuge und ein Cavaquinho, eine Art Miniatur-Gitarre, etwa in der Größe einer Mandoline, die ganz zarte Töne von sich gibt. Sie stehen vor mir, diese Männer, dürr wie trockenes Holz. Und da sagt man den Armen, sie mögen ihre Hose enger schnallen! Das geht bei diesen Leuten ja wirklich nicht mehr. Der Gürtel umfaßt weiter nichts als das Knochengestell!

Nach den Darbietungen der Foliões und dem Rosenkranzgebet wird mir das Wort erteilt. Man will, daß ich über die pastoralen Schwerpunkte und die Zielsetzung der Kirche am Xingu spreche und ich erinnere die Anwesenden an die „Segunda Assembléia do Povo de Deus do Xingu" (Zweite Versammlung des Volkes Gottes am Xingu) im Oktober 1989. Im diözesanen Bildungszentrum „Betânia" haben sich TeilnehmerInnen aus der ganzen Prälatur zu Beratungen eingefunden. Auch aus den Indianerdörfern waren 20 Delegierte vom Volk der Asurini, der Araweté, der Arara, der Juruna und der Kaiapó gekommen. Die etwa 500 VertreterInnen der kirchlichen Basisgemeinden – Jugendliche, Frauen, Männer, Schwestern, Patres – wurden von ihren jeweiligen Pfarren beauftragt, die Ergebnisse und Anregungen aus den Pfarr- und Regionalversammlungen einzubringen. Zwei Jahre lang dauerten die intensiven Vorbereitungen. Die inhaltlichen Auseinandersetzungen trugen die Überschrift „Mit den Verarmten für den Aufbau des Reiches Gottes". Sie konnten alle von ihren persönlichen Sorgen und Nöten berichten, denn die meisten von ihnen drückt durch die Schuld anderer die Last der Armut. Trotz der vielen leidvollen Erfahrungen werden diese Leute nicht müde, sich für Veränderungen einzusetzen. Sie glauben an den Traum Jesu und seine befreiende Botschaft.

„Gott hört das Klagen seines Volkes ..." stand auf dem großen Transparent neben dem Rednerpult. Und dieses Vertrauen auf die Gnade und Liebe Gottes war überall zu spüren, bei den Berichten, bei Gruppenarbeiten, Gesprächen und Diskussionen. Schließlich kam es zur Abstimmung. In demokratischer Weise konnten alle Anwesenden über die pastoralen Schwerpunkte der nächsten fünf Jahre mitentscheiden. Jede Stimme war gleichwertig. Die Meinung der Katechistin vom Acaraí-Fluß wurde genauso ernsthaft diskutiert wie die Wortmeldung des Bischofs. Es war nicht einfach, aus den vielfältigen Vorschlägen eine Auswahl zu treffen. Zur Klärung der Standpunkte wurde bis spät in die Nacht manch heftige Debatte geführt. Dennoch gab es schließlich in allen Punkten eine Einigung.

Für die kommenden fünf Jahre hat die Versammlung folgende pastorale Schwerpunkte festgelegt:

Landpastoral: Gott hat die Erde nicht nur für einige Großgrundbesitzer geschaffen. Er hat sie allen Menschen anvertraut. Die Kirche soll besonders den verarmten Bauern und im Überleben bedrohten Siedlern beistehen. Vor allem Rechtshilfe und landwirtschaftliche Beratung sind gefragt.

Jugendarbeit: Die Jugend ist die große Mehrheit in der Kirche. Darum sollen die jungen Menschen im kirchlichen Leben mehr gehört und herangezogen werden. In allen Gemeinden sollen Jugendgruppen und -organisationen besonders gefördert werden. Die Zukunft unserer Kirche und der Gesellschaft liegt in den Händen der Jugend.

Erziehung und Bildungsarbeit: Neben unserer Tätigkeit in den Schulen wollen wir in der Bildungsarbeit alle Bevölkerungsschichten miteinbeziehen. Alphabetisierungskurse nach der Methode „Paulo Freire“, gewerkschaftliche und politische Erwachsenenbildung sollen auf Pfarr- und Regionalebene organisiert werden.

Indianerpastoral: Den jahrhundertelang ausgegrenzten Indianervölkern am Xingu gehört unsere besondere Zuneigung. In einer Dimension evangelischer Solidarität werden wir ihre Kultur respektieren, ihre Sprachen lernen und mit ihnen sein, wenn sie ihre Rechte verteidigen. Der Dialog ist ein besonderer Akzent dieser Pastoral.

Ökologie: Angesichts der zunehmenden skrupellosen Ausbeutung der Mit-Welt treten wir für die Bewahrung und vernünftige Nutzung von Gottes Schöpfung ein. Gott hat uns allen in seiner Liebe Amazonien als Heimat geschenkt. Ganz bewußt setzen wir als erste Diözese in Brasilien ein Zeichen und wählen die Ökologie als pastoralen Schwerpunkt.

Stadtpastoral: In wenigen Jahren hat sich die Bevölkerung in unseren Städten vervielfacht. Der beinahe undurchdringliche Urwald mußte weichen. Infolge der Landflucht und einer steten Migration vom Süden und Nordosten in den Norden Brasiliens schießen Städte förmlich aus dem Boden. Diese Tatsachen fordern von uns eine Pastoral, die diesen Menschen ein geschwisterliches Leben in der Kirche ermöglicht. Die Kirche soll ihnen Halt und Heimat bieten und inmitten sündhafter Strukturen der Ausbeutung und Marginalisierung die „Frohe Botschaft" des Lebens verkünden.

Die Beschlüsse und Berichte über die Versammlung des Volkes Gottes am Xingu sind in einem Dokument auch für jene festgehalten, die nicht an der Versammlung teilgenommen haben, denn sie wissen um ihre Verpflichtung, an der Verwirklichung dieser Entscheidungen und Grundsatzerklärungen mitzuarbeiten.

In einfacher Weise und anhand von Beispielen und Erfahrungen versuche ich, die pastoralen Leitlinien verständlich zu machen. Ich glaube, es ist mir gelungen, denn nickend geben die Leute immer wieder ihre Zustimmung. Die Foliões beschließen die Andacht und eine Pilgerschar setzt sich in Bewegung. Frauen und Männer, alt und jung, alle drängen jetzt zur Statue der Gottesmutter. Einige knien nieder, andere berühren die Statue oder küssen eines der Bänder, die in bunter Farbenpracht über den Altartisch herunterquellen.

Aus der Kapelle strömen die Leute weiter in den „Gemeindesaal", ein etwas größer angelegter Schuppen. Frauen und Mädchen bieten hier selbstgemachte Leckereien feil: Kekse, Kuchen, Salzgebäck, Fladenbrote. Auch Früchte wie Ananas, Bananen und Orangen fehlen nicht.

Ein gebratenes Huhn wird versteigert. Wer bietet mehr für diese köstliche Speise? Zögernd werden die genannten Summen überboten: 450, 500, 520, 550. Wer bietet noch mehr? 560, 580, 590, 600 zum Ersten, zum Zweiten und zum Dritten! Ich merke, daß die Leute sehr wenig Geld haben, sonst wären für dieses schmackhafte Brathuhn wohl mehr als 600 Cruzeiros aufgebracht worden. Das sind etwa zwanzig Schilling.

Alle diese bewundernswerten Initiativen, die Kasse dieser Basisgemeinden aufzufüllen, bringen nur klägliche Ergebnisse. Sie reichen bei weitem nicht aus, um das schadhafte Dach der Schule zu reparieren oder eine Dorfapotheke mit Medikamenten aufzubessern. Ich bin dennoch vom Wert dieser Aktivitäten überzeugt. Sie stärken die Gemeinschaft, fördern die gegenseitige Verantwortung und Hilfeleistung. Zwischendurch gibt es einen „cafezinho", ein Täßchen dampfend schwarzer Kaffee.

Einige Zeit folge ich diesem wirbelnden Geschehen. Von Müdigkeit überwältigt, ziehe ich mich aber bald zur Nachtruhe zurück, gleich in das benachbarte Haus eines überdurchschnittlich kleinen Ehepaares. Bei ihm bin ich untergebracht. Die jungen Eheleute dürften höchstens 1 Meter 50 groß sein. Maria da Luz sicher nicht einmal das. Bei meiner Körpergröße von ungefähr 1 Meter 80 muß ich den beiden wie ein Riese vorkommen.

Schon beim Eingang ist Vorsicht angebracht und bükkend betrete ich das Haus. Ich habe meine liebe Not, die

Hängematte anzubringen. Von einer Wand zur anderen, von einer Ecke zur anderen, selbst in der Diagonale, ist der Abstand so gering, daß die Hängematte trotz fachkundiger Spannung fast bei jeder Bewegung den Boden streift. Es gelingt mir kaum, mich gemütlich zu strecken.

Aus dem nahen Saal dringt noch lange das laute Durcheinander an mein Ohr. Dazwischen vernehme ich das Lachen der Leute, dann wieder die Stimme des Versteigerers: Wer bietet mehr? Die Endsummen beim Zuschlag sind niedrig, aber alle freuen sich. Hin und wieder Kinderschreie. Fürsorglich hatte man einer Wand entlang Hängematten für müde gewordene Kinder ausgespannt. Es war ja abzusehen, daß bei einer solchen jahrmarktähnlichen Veranstaltung das eine oder andere Kind jäh aus dem Schlaf gerissen wird und in der unbekannten Umgebung nach der Mutter schreit, die es wieder in den Schlaf wiegt.

Die Nacht vergeht und ein wunderbarer Morgen bricht an. Ein strahlend blauer Himmel. Ich habe allerdings Kopfschmerzen, wahrscheinlich als Folge der engen Schlafgelegenheit, die mich nicht richtig ruhen ließ.

Bald werde ich zur Versammlung gerufen. Die Berichte der Vertreter aus vier Gemeinden drehen sich um die allgemeine Situation der Familien, die an diesem Fluß wohnen, ihre wirtschaftlichen und finanziellen Probleme.

Die Initiativen sind teilweise schwer in Gang zu halten. Mariquinha erklärt, wie entmutigend das ständige Warten auf noch so kleine Erfolge sei. Sie betreut seit Jahren eine Verkaufsstelle für Lebensmittel und Haushaltsdinge. Man besorgt die Waren in größeren Mengen in der Stadt und kann sie billiger als der flußreisende Händler abgeben. Aber dennoch. Wer kann schon genauestens Buch führen? Die wenigsten können lesen und schreiben und beim Rechnen gibt es viele Fehler. Sie fühle sich oft allein mit dieser Verantwortung. Ganz besonders setzt allen diese rasante Inflation zu. Das Kapital wird knapper, das Geld verliert die Kaufkraft. Mariquinha ist sich über die Notwendigkeit ihres Dienstes für die Gemeinde bewußt und will trotzdem weitermachen.

In Europa kann man sich schwer vorstellen, was „Inflation“ wirklich bedeutet. Würde in Österreich, Deutschland oder der Schweiz eine Jahresinflation von zehn Prozent oder mehr festgestellt, käme es unweigerlich zum Sturz der Regierung. In Brasilien haben wir aber jeden Monat eine zweistellige Inflationsziffer. Bei gleichbleibendem Mindestlohn sind am Monatsende oft Lebensmittel und andere Güter für den täglichen Bedarf doppelt so teuer wie am Monatsanfang.

Ich lobe den Einsatz von Mariquinha und bestätige, wie wichtig ihre Arbeit sei. Aber sie tut mir leid, diese kleine „Davidin“, die da gegen den Riesen Goliath kämpft. Hoffentlich gibt sie nicht auf! „Wie ist das mit deinem Mann? Unterstützt er dich?“ Nickend meint sie: „Er tut, was er kann!“ Wenigstens stellt der Mann keine Hindernisse in den Weg, wie es so manche Männer tun, wenn sich ihre Frauen für Anliegen der Gemeinde einsetzen. Männer vertreten oft die Ansicht, für die Frauen gebe es genug Arbeit im Haushalt und mit den Kindern. Aus den Belangen der Gemeinde sollten sie sich wohlweislich heraushalten. Aber Gott sei Dank, dieser Mann denkt anders!

Bei der anschließenden Eucharistiefeier stelle ich die zwei Tugenden Geduld und Mut in den Mittelpunkt der Predigt. Ich dachte an Paulus und Barnabas, wie sie den Jüngern in Lystra, Ikonion und Antiochia Mut zusprachen und sie ermahnten, „treu am Glauben festzuhalten; sie sagten: Durch viele Drangsale müssen wir in das Reich Gottes gelangen.“ (Apg 14,22) Der gemeinsame Einsatz in der Gemeinde verlangt von uns allen „Ausdauer“. Es handelt sich nicht um „passive“ Geduld. Wir müssen uns gegenseitig im Durchhalten stärken. Die andere Tugend ist „Mut“. Es ist wichtig, sich nicht einschüchtern zu lassen, sondern tatkräftig und gemeinsam den Weg weiterzugehen. Was uns alle lähmt, sind Angst und Furcht vor der Übermacht der „Großen“, der Herren dieser Welt. Was uns innerlich zerfrißt wie Rost das Eisen, sind Niedergeschlagenheit und Mutlosigkeit. Solche Anwandlungen sind wie Wurmkrankheiten, die uns blaß und blutleer machen. Fragen wie: „Was bringt das alles? Es gibt doch keine Änderung!“ „Wo sind die Ergebnisse und Erfolge unserer Arbeit?“ „Was bleibt unter dem Strich der Rechnung?“ schwächen unsere Kraft. Bitten wir Gott, er möge uns vor solchen Gedanken der Versuchung bewahren. Beten wir um Gnade und Kraft in Situationen, wenn uns Ohnmacht und Unzulänglichkeit überwältigen, dennoch treu zu bleiben und, selbst wider alle Hoffnung, weiterzumachen.

Wem predige ich da? – denke ich mir auf einmal. Richte ich diese Worte nicht an mich? Nütze ich hier diesen Augenblick, um mir selbst Ratschläge zu erteilen, mich wieder aufzurichten? Bin nicht ich es, der mutlos und niedergeschlagen die Frage stellt: „Was bleibt unterm Strich?“

Acht Jahre hindurch nütze ich schon als Präsident des Indianermissionsrates (CIMI) jede Gelegenheit, um über die Anliegen der Indios zu sprechen. In meinen Referaten wollte ich alle Menschen guten Willens aufrütteln, nach Wegen zu suchen, vergangene Fehler wiedergutzumachen. Mein größtes Anliegen ist eine Evangelisierung, die diesen Namen tatsächlich verdient: Verkündigung einer „frohen“ Botschaft, in einer Umgebung, wo so viele den

Tod säen und ganze Völker in ihrem Überleben bedrohen. Es geht um Leben und Tod von Volksgruppen, die an den Rand gedrückt werden, nur weil sie kulturell „anders“ sind. Wir müssen all das kolonialistische Gehabe endlich ablegen und das Evangelium so verkünden, daß die befreiende und frohmachende Botschaft von allen Menschen spürbar erfahren und verstanden werden kann.

Ich habe von den reichen kulturellen Werten dieser Völker gesprochen, von ihren vielfältigen Traditionen und Gebräuchen, von ihrer Sehnsucht nach Leben inmitten todbringender Strukturen, von ihrem Recht auf ihr angestammtes Land, das ihnen immer wieder und in allen nur erdenklichen Formen strittig gemacht wird. Für Holzhändler, Bergwerksgesellschaften und Großgrundbesitzer sollten die Indianer längst nicht mehr existieren. Sie sind für die Durchführung von riesigen Projekten, für den Bau von Staudämmen und Kraftwerken ein Hemmschuh, genauso wie sie ein Hindernis für die „garimpeiros“ sind, die in ihrem Goldrausch unerbittlich das Land verwüsten, Krankheiten einschleppen und Flüsse verseuchen!

Ich zitierte kirchliche Dokumente, erinnerte an päpstliche Rundschreiben – mehr noch: immer stellte ich den Auftrag des Evangeliums in den Mittelpunkt. Es sind die Worte Jesu, die für uns alle zutiefst und bis zum Äußersten maßgebend und letztverbindlich sind: „Ich bin gekommen, damit sie das Leben haben und es in Fülle haben.“ (Joh 10,10)

Bei vielen meiner Reden gab es langen Applaus und aufgrund dieser Reaktionen glaubte ich, die Gewissen doch aufgerüttelt und ein neues Bewußtsein für die Indianerproblematik geschärft zu haben. Immer wieder werde ich eines anderen belehrt und es kommen mir Zweifel: Was hat das alles gebracht?

In Pastoralplänen so mancher Diözesen werden die Indios mit keinem Wort erwähnt und noch weniger die Indianerpastoral. Die himmelschreienden Fakten und statistischen Angaben, mit denen ich Referate untermauerte, konnten die Positionen kaum verschieben. Viele haben ihren Analphabetismus in der Indianerpastoral um keinen einzigen Buchstaben verbessert!

All diese Gedanken gehen mir an diesem weltvergessenen Ort, tief im Urwald, an einem Nebenflüßchen eines Nebenflusses des majestätischen Amazonas durch den Kopf. Ich kämpfe selbst gegen Enttäuschung und Mutlosigkeit und soll den Leuten hier den Mut zusprechen, den ich selbst dringend brauche.

Dennoch ermutige ich diese Leute und bin gleichzeitig mein eigener Zuhörer. Vielleicht ist das auch eine Form der Solidarität. Selbst der Hoffnungslosigkeit ausgesetzt zu sein, so wie diese Frauen und Männer es täglich sind. Das nagende Gefühl der Ohnmacht in diesen Stunden und Tagen bringt mich dem Volk noch näher. Ich kann da nicht als ein selbstsicherer Bischof „ex cathedra" sprechen, überzeugt von der Macht meiner Worte und Aussagen. Ich unterweise nicht als ein lehrender Bischof, als „Meister im Glauben". Nein, ich bin wie meine ZuhörerInnen! Ich möchte wie sie Erfolg und konkrete Ergebnisse meines Einsatzes sehen und spüren. Ich kämpfe wie sie gegen Rückschläge und gegen das lähmende Gefühl, wenig oder nichts erreicht zu haben. Ich leide wie sie, nicht verstanden zu werden, in meinem oft sogar lebensgefährlichen Engagement, als Spinner, Radikaler, Aufmüpfiger, Nörgler und ewig Unzufriedener abgetan, ausgelacht oder ignoriert zu werden.

Wie oft hat das Volk, hier an diesem verlassenen Ort der Welt, das alles zu hören bekommen, wenn es auf seine Rechte pochte und nach Leben schrie. Mit fadenscheinigen Argumenten wurden die zu Recht erhobenen Forderungen einfach abgetan oder mit einem mitleidigen Lächeln quittiert. An der bestehenden Ordnung dürfe nicht gerüttelt werden, mußten die Leute jahrzehntelang hören. Wer aufbegehre, der sei subversiv!

Es ist Zeit zum Aufbruch. Eine beschwerliche Reise steht bevor. Daniel macht das Boot startklar und schaufelt mit einer Schale das im Rumpf angesammelte Wasser über Bord. Dann steigen wir ein und kaum setzt sich das Gefährt in Bewegung, prasselt wieder ein Wolkenbruch auf uns nieder. Ich bin so eingezwängt und kann mich keinen Zentimeter rühren, weder die Füße ausstrecken noch einziehen oder gar übereinanderschlagen. Mein schmerzender Rücken erinnert mich an das Buch über Mozart, das ich vor einiger Zeit auf einer Reise und – sozusagen zum Ausspannen – zwischen den Sitzungen der letzten Bischofskonferenz las. In einem seiner Briefe beschreibt Mozart, in der ihm so eigenen, anschaulichen, oft gar derben Art, die Reise nach München im November 1789: „Dieser Wagen stößt einem doch die Seele heraus! – und die Sitze! – hart wie Stein – von Wasserburg aus glaubte ich in der that meinen Hintern nicht ganz nach München bringen zu können! Es war ganz schwierig. Zwey ganze Posten fuhr ich die Hände auf dem Polster gestützt, und den Hintern in lüften haltend." Nur ein kleiner Unterschied: es gab in unserem Boot kein Polster...

Hoffentlich kommt nach der nächsten Flußbiegung der „rettende Hafen". Nein! Noch eine Kurve, noch eine und noch eine. Dazwischen wieder ausgedehnte gerade Strecken. In meiner anatomisch so unbequemen Lage schien mir diese Reise eine Ewigkeit zu dauern, bis wir dann endlich doch bei Ajó anlegen. Daniel und seine Familie haben noch weitere Stunden Bootsfahrt vor sich.

Über einige Rundhölzer, die als Landesteg dienen, gehe ich an Land. Der „bischöfliche Transporter" – wegen der so schlechten Straßen wieder ein Lastwagen – war noch nicht eingetroffen. Ich warte am Ufer. Plötzlich erspähe ich ein Ruderboot, das den Fluß überquert und Kurs auf den Hafen nimmt. Die Leute steigen aus, unter ihnen eine Frau, die mir entgegenkommt und mich herzlich umarmt. Ich erkenne sie sofort. „Du bist doch Ángela, nicht wahr?" „Ja, sicher!" bestätigt sie lächelnd. Bei der Begrüßung dieser Frau kommt mir eine unvergeßliche Begebenheit aus dem Jahre 1983 in den Sinn.

Es war Gepflogenheit, daß der Bürgermeister und alles, was in Gurupá Rang und Namen hatte, bei der Ankunft des Bischofs ausrückte. Ich hatte da bald einige Auseinandersetzungen mit den Ortsobrigkeiten, die stets mehr an ihre eigenen Vorteile dachten, als sich um die Sorgen des armen Volkes zu kümmern. Ihre dicken Bäuche zeugten von einem geruhsamen Dasein, während das Leben der Leute immer kärglicher wurde. Dann griffen diese Herren Padre Júlio, Pfarrer dieser Gemeinde, mehrmals unmißverständlich an und verleumdeten ihn. Ich stellte mich auf die Seite der angefeindeten Menschen. Die Gegner reagierten und in Hinkunft war es aus mit den Feierlichkeiten. Dom Erwin zählten sie nicht zu den „ihren" und verdiene deshalb keinen Empfang.

Dennoch gab es 1983 eine feierliche Begrüßung. Andere waren gekommen, so wie das bis heute Brauch ist: Frauen, Männer und Kinder aus dem einfachen Volk. Auch stand da eine Schar einschlägig bekannter Mädchen, als ob es sich um eine organisierte Gruppe handelte. Es war auch eine: Die Vereinigung der Prostituierten! Eine Sprecherin richtete herzliche Grußworte an mich und bat gleich um ein Treffen mit den Prostituierten von Gurupá. Ob es möglich sei, daß der Bischof die

Huren anhöre? Aber, so meinte die Wortführerin, ich sei ja auch „ihr“ Bischof. Dieses Mädchen, das den Wunsch nach einem Gespräch vorbrachte, war Ángela. Jetzt, acht Jahre später, treffe ich sie wieder.

Natürlich gab es diese Versammlung und ich entsinne mich, wie scheu ich damals war und wie unbeholfen ich nach Worten rang. Allerdings brauchte ich nicht lange Anlauf zu nehmen, denn diese jungen Frauen legten selbst los. Ohne Abstriche und Umschweife erzählten sie völlig ungehemmt von ihrem Alltag. Ich erhielt wirklich einen Einblick in das tragische Schicksal dieser Frauen. Die Mädchen geben sich hin, verkaufen ihren Körper, um überleben zu können. Armut und Elend treiben sie ins Bordell. In vielen Fällen haben sogar die Eltern zu diesem Gewerbe geraten, damit wenigstens jemand in der Familie Geld heimbringe, um die Rechnung für Lebensmittel oder gar Medikamente zu begleichen. Es ist oft der letzte und einzige Ausweg, um eine Schüssel Reis und einen Topf Bohnen für die Familie auf den Tisch zu bringen.

Irgendwie fühlte ich mich in die Enge getrieben. Was sollte ich diesen armen Geschöpfen sagen: „Geht weiter eurem Geschäft nach!“? Jesus sagte: „Auch ich verurteile dich nicht. Geh und sündige von jetzt an nicht mehr!“ (Joh 8,11) Aber, was dann? Wovon sollen diese Mädchen und Frauen leben? Einige von ihnen haben kleine Kinder. Welche Alternativen kann ich ihnen bieten? Wie kann ich sie aus der unwürdigen Situation befreien?

Schlicht erklärte ich, daß ich mir nie anmaße, sie zu verurteilen und noch weniger, sie zu verdammen. Wer wäre ich auch, um ein Urteil zu fällen und über sie den Stab zu brechen? Ich sagte ihnen meine Unterstützung zu und bat, daß sie sich weiterhin treffen sollen, um ihre Probleme zu besprechen und gemeinsam nach Wegen zu einem geordneten Leben zu suchen. Ich versicherte, daß ihnen die Einrichtungen der Pfarre zur Verfügung stehen, selbst wenn ich wußte, daß so manche „fromme“ Leute die Nase rümpfen werden. Aber, das sei mir gleichgültig. Zögernd brachten die Frauen noch eine letzte Bitte vor: „Dürfen wir in die Messe kommen?“ „Ja, natürlich!“ sagte ich. Beim Abschied kamen sie einzeln zum „abraço“ und wiederholten immer wieder: „Wir wissen, daß du auch ‚unser‘ Bischof bist!“ Ich verließ den Versammlungssaal aufgewühlt und tief betroffen.

Nun steht Ángela wieder vor mir. „Hast du mich nicht vergessen?“ fragt sie lächelnd. „Nein, nie! In den vergangenen Jahren erkundigte ich mich immer wieder nach dir. Man sagte mir, du seist an irgendeinen Fluß gezogen.“ „Ja, das bin ich. Vor sechs Jahren habe ich geheiratet und wir sind glücklich, auch wenn wir arm sind. Mein Mann ist gut zu mir. Dieser Bub da ist unser Sohn!“

Der Lastwagen trifft ein. Ángela klettert mit ihrem Buben auf die Ladefläche, obwohl ich ihr den Platz in der Kabine anbiete. Dankend winkt sie ab und meint, ich hätte noch andere Strapazen vor mir. Sie reise ja nur bis Gurupá.

Ich war überglücklich, daß diese Frau nun doch ein besseres Los gezogen hat und jetzt anders lebt. Aber sofort kam mir der Gedanke: „Wo sind die anderen von damals?“

„Blanche von Christi Todesangst“

Ein kurzer Aufenthalt im Pfarrhaus von Gurupá. Schnell eine Dusche und den Bart herunter. Dann geht es gleich weiter mit der „Livramento“. Antônio und Benedito do Socorro haben bereits die Anker gelichtet, wir fahren in gutem Tempo flußabwärts. Es ist Ebbe und die Fahrt geht zügig voran.

Das Ziel für heute abend ist Areias. Ich dachte anfangs, die Begegnung mit dem Sektor Marajoí sei im kleinen Dorf Areias. Aber wir fahren noch ein gutes Stück flußaufwärts in einem kleinen Nebenfluß, der ebenfalls den Namen Areias trägt.

Vor einigen Jahren war ich in diesem Dorf. Damals gab es ziemliche Schwierigkeiten mit dem politisch Verantwortlichen dieser Siedlung, der sich inzwischen zum Bürgermeister von Melgaço wählen ließ. Viel Geld soll er dafür verwendet haben. Hinter seinen Namenszug setzt er drei Pünktchen, um damit seine Mitgliedschaft bei einer Freimaurerloge zu bekunden. Bei seinen Logenbrüdern holte er sich immer Rückendeckung.

Stets übte er harte Kritik an der Kirche und ganz besonders an Padre Júlio. Er vertritt die Ansicht, daß Religion nichts mit den sozialen Problemen des Volkes zu tun habe. Die Kirche soll sich da heraushalten und sich auf ihre „spezifisch religiöse Sendung“ besinnen. So sei es in Papstansprachen zu lesen. Die Armen hätten ohnedies ein besseres Jenseits garantiert. Selbst der Papst muß hier herhalten, damit Herr Tavares weiterhin ungestört seine Scheunen füllen kann, ohne dabei von aufgebrachten Armen belästigt zu werden, deren Schweiß und Blut sein Gewissen längst belasten müßten.

Er ist stolzer Besitzer einer Fabrik, die Palmenmark für den Export verarbeitet. Dabei bezahlt er nicht nur das abgelieferte Palmenmark sehr schlecht, sondern auch die Leute, die in diesem Unternehmen arbeiten.

Krankenversicherung, Familienbeihilfe, bezahlter Urlaub, 13. Monatslohn, all diese gesetzlich vorgeschriebenen sozialen Verpflichtungen sind für Herrn Tavares Fremdwörter, die er nicht versteht. Padre Júlio hatte mehrmals auf die himmelschreiende Ungerechtigkeit hingewiesen und diesem Herrn die einschlägigen Arbeitergesetze unter die Nase gehalten. Das genügte ihm, um lautstark zu verkünden, er wolle diesen „kommunistischen" Pater nicht mehr im Dorf sehen. Júlio zog die Konsequenzen und verlegte das Gemeindezentrum eine halbe Stunde flußaufwärts an einen Ort, der aus der Reichweite dieses „Mächtigen" war und zudem im Gemeindegebiet von Gurupá liegt, während das Dorf zu Melgaço gehört. Also war dem Herrn Tavares dadurch jeder Einfluß entzogen, auch der politische.

Es ist schon reichlich spät, als wir ankommen und ich betrete einen sehr schlecht beleuchteten Raum. Kaum kann ich die Gesichter erkennen. Einige Kerzen sind die einzige Lichtquelle. Nach der Begrüßung werde ich zum Abendessen eingeladen. Das Fleisch ist allerdings schon kalt und von geronnenem Fett überzogen. Ich nehme einen Bissen, weiß aber sofort, daß mir diese Speise nicht bekommen wird. Da sehe ich noch einen gebratenen Fisch. Leider ist er genauso kalt wie das Fleisch. Bei kaltem Reis und Bohnen sind die Folgewirkungen nicht so arg und so schöpfe ich davon auf meinen Teller.

Die abendliche Versammlung beginnt wie gewohnt. In dieser Dunkelheit ist schwer auszumachen, wer zu welcher Gemeinde gehört. Die Kinder liegen bald ausgestreckt auf dem Boden, andere auf dem Mutterschoß. So gibt es kein Kindergeschrei, und ich muß mich wenigstens beim

Zuhören der Berichte nicht anstrengen. Wie erwartet ist das Hauptthema „Senhor Tavares“ und sein ausbeuterisches System, das an die Sklaverei erinnert. Die Leute sind besorgt um die Açaí-Palmen, aus deren Früchte sie einen köstlichen Saft pressen. Um das Mark zu gewinnen, werden die Palmwipfel abgeschnitten und die Bäume sterben ab. „Bald wird es für uns kein Açaí mehr geben!“ klagt eine Frau, „während Herr Tavares nun mit dem Palmmark das große Geschäft macht, um damit seine Schulden vom Wahlkampf zu bezahlen. Irgendwo im fernen Ausland wird das Mark unserer Açaí-Palmen in feinen Restaurants als Delikatesse angeboten und wir hier haben sprichwörtlich nur das ‚Nachsehen‘!“ Ein Mann meint händeringend: „Tiefkühlschiffe stehlen uns die Fische vom Mund weg. Großgrundbesitzer wollen uns von Grund und Boden vertreiben. Holzhändler hintergehen uns. Die Preise für Reis und Maniok sind lächerlich. Jetzt köpfen sie auch noch die Palmen. Selbst Pacas, ein Kleinwild, die sich von den Açaí-Früchten ernähren, nehmen Reißaus! Gibt es für uns noch eine Zukunft?“

Wieder einmal weise ich auf das gemeinsame Vorgehen in diesen Belangen hin und verspreche, bei den Regierungsstellen zu klagen. Nach fast zwei Stunden Gespräch beschließen junge Leute, Lieder für den morgigen Gottesdienst einzuüben und ich helfe fest mit. Trotz der Dunkelheit erspähe ich eine Gitarre, die an der Wand hängt. Ich frage, ob jemand das Instrument spielen könne. Ja, Chico, aber der sei nach Macapá gereist. Man übergibt mir die Gitarre und ich habe gleich meine liebe Not, sie zu stimmen. Sie ist nicht bundrein und da reißt zu allem Überfluß noch eine Saite. Kunstfertig knüpfe ich sie wieder, wie ich das manchmal als Student getan habe, wenn mir bei einem gemütlichen Beisammensein so ein

Mißgeschick passierte. Die Leute staunen über meine Geschicklichkeit. Die Saite ist halb verrostet und da ist zu erwarten, daß sie sich nicht gerne „stimmen" läßt.

Gegen dreiundzwanzig Uhr gehe ich an Bord und werde von der Besatzung erwartet, die mir ein „remédio" vorbereitet hat, wie Antônio diesen Trank lachend nennt. Die „Medizin" aus Zitronensaft und Zuckerrohrschnaps mundet gut. Bald darauf spanne ich meine Hängematte aus. Nach den letzten zwei Nächten, die ich so schlecht hinter mich gebracht habe, bin ich ausgesprochen müde.

Am nächsten Morgen geht es wieder früh los. Der Koordinator dieses Sektors weist mich in einen „Verschlag" in der Ecke des Raumes. Auf dem von den Gemeindeleitern ausgearbeiteten Programm steht: „Sieben Uhr: Beichtgelegenheit". So sitze ich da und höre Beichte. In einer langen Reihe haben sich Frauen, Männer und Jugendliche angestellt. Bei den abendlichen Versammlungen kommt die Gemeindearbeit zur Sprache, die gemeinsame Problematik und Not. Im Beichtgespräch kommt die persönliche Dimension zum Tragen und wieviel Leid, wieviel Ungewißheit und Sorge auf der ganz persönlichen Ebene wird da ausgesprochen.

Obwohl ich es lieber habe, wenn sich die Leute neben mich hinsetzen, tun es hier die wenigsten. Ich bitte eine alte, schon etwas gebrechliche Frau, doch Platz zu nehmen. Sie schaut mich etwas verdutzt an, schüttelt den Kopf und sagt, sie beichte nur kniend. Sie hat ihre liebe Not hinzuknien, stützt sich auf meine Knie und hieft sich wieder an mir auf, als die Beichte zuende ist. Selbst bischöfliche „Autorität" kann da scheinbar keine Änderung herbeiführen.

Gestern abends, kurz bevor ich an Bord ging, kam noch eine junge Frau zu mir. Auf dem Landesteg bat sie mich inständig, ich möge ihr einige Augenblicke meines Hierseins schenken. Sie wolle mit mir sprechen, es gehe ihr so schlecht. In der Dunkelheit sah ich nur eine Silhouette. Jetzt, nach den Beichten steige ich aus dem „Verschlag" und eine Frau kommt auf mich zu. Es ist Maria de Jesus. Wir setzen uns auf eine Bank und sie erzählt von ihrer Angst und Not. Sie sei eine der Koordinatorinnen der Frauengruppe in diesem Sektor, sei verheiratet und Mutter eines Kindes. Sie ist noch jung, vielleicht zwanzig Jahre.

Auf einmal sei sie krank geworden und seither hätte sie furchtbar Angst, Gott habe sie verlassen und liebe sie nicht mehr. Ob sie sich wohl gegen den Heiligen Geist versündigt habe? Jesus habe doch gesagt, diese Sünde könne nicht vergeben werden. „Ich habe so viel Angst und fürchte mich Tag und Nacht, von Gott verlassen zu sein!" Ich höre ihr lange zu. Ich will dieser Frau Zeit lassen, ihr Leid und ihre Not in Worte zu fassen. Oft ist es doch so, daß die Formulierung des eigenen Leides, dieses Erbrechen alles dessen, was ein Herz bedrückt, schon zur Er-Lösung aus aller Pein führt.

Ihr Gesicht ist so traurig. Sie ist niedergeschlagen und verzweifelt. Sie hat Angst, furchtbare Angst, als ob sie am Fuß eines Schafotts vom Henkerskarren herabsteigen müßte. Unwillkürlich erinnere ich mich an die Figur der „Blanche von Christi Todesangst" im letzten Werk des französischen Dichters George Bernanos „Die begnadete Angst". Bernanos läßt in der kleinen Blanche de la Force menschliche Angst als Abbild der Todesangst Christi Gestalt annehmen.

Ach, diese unbeschreibliche, aus den Abgründen des Unterbewußten wie kalte Nebel aufsteigende, unerklärbare, scheinbar unauslöschliche Furcht, die so schwer auf der Seele lastet, an Herz und Leben zehrt und nagt!

Diese Angst, versagt zu haben, ausgestoßen, von Gott verlassen, ewig verloren zu sein, auf einmal in sumpfiges Moor zu versinken oder ins eisige Nichts zu fallen! „Was wirft man mir denn vor? Was tue ich denn Böses?" schreit die kleine Blanche. „Ich beleidige den lieben Gott nicht! Ich bin in die Angst hineingeboren worden. Ich habe darin gelebt. Ich lebe noch darin. Jeder verachtet die Angst!"

„Vater, wenn du willst, nimm diesen Kelch von mir! (...) Und er betete in seiner Angst noch inständiger, und sein Schweiß war wie Blut, das auf die Erde tropfte." (Lk 22,42-44) Im Garten Getsemani wurde alle menschliche Angst und Furcht zur Furcht und Angst Gottes.

„Und was ist denn der Unterschied zwischen Angst und Mut?" geht es mir durch den Kopf. Wie oft habe ich mir selbst diese Frage gestellt! Ist eine Unterscheidung überhaupt sinnvoll? Angst und Mut gehören zusammen, ergänzen sich, werden plötzlich eins. Sie sind die zwei Seiten derselben Münze, gebären Kühnheit, besiegen gepaart die Versuchung zur Flucht: „Steht auf, wir wollen gehen!" (Mt 26,46) Die Erfahrung Jesu in Getsemani überwindet jede Unterscheidung zwischen Furcht und Mut, heilt, heiligt und vergöttlicht die Angst.

George Bernanos schreibt in „Die Freude", daß selbst die Furcht eine „Tochter Gottes" sei. „Sie ist nicht schön anzuschauen. Gewiß nicht! Die einen verspotten, die anderen verfluchen sie, alle verzichten gerne auf sie (...) Und dennoch (...), in jedem Todeskampf steht sie zu Häupten des Sterbelagers: Sie ist für den Menschen Mittlerin zu Gott."

Lange erzählt Maria de Jesus. Ihr Kind wird unruhig und sie stillt es, damit sie ungestört weitersprechen kann. Schließlich ist sie am Ende ihrer Ausführungen. Ich weiß nicht recht, wie ich dieser jungen Frau die Angst nehmen kann und Mut zusprechen soll. Wie kann ich sie überzeugen, daß Gott sie nicht verlassen hat, sie gern hat und immer bei ihr ist?

Ihr Mann hat sich inzwischen danebengesetzt, ihr Vater, ihre Schwägerin und ich weiß nicht, wer sonst noch aus ihrer Verwandtschaft. Alle sehen sie mich an und erwarten ein Wunder, das ich da wirken sollte, damit diese Frau zurückfände zu dem, was sie war: Eine fröhliche Person, einsatzbereit, mutig und stets offen für die Anliegen aller in der Gemeinde.

So beginne ich, ihr zu erklären, daß Gott ein Vater ist, der uns alle liebt. „Wenn auch unser Herz uns anklagt, so ist Gott größer als unser Herz, und er weiß alles." (1 Joh 3,20) Gott weiß alles, kennt uns besser, als wir selbst uns kennen, hat uns immer gern, immer, immer! An ihn können wir uns allezeit wenden, insbesondere in Stunden der Ungewißheit und in dunklen Nächten der Seele. Er weiß um unsere Not. „Wenn Furcht mich überfällt, o höchster Gott, werde ich in dich mein volles Vertrauen setzen." (Ps 56, 4) betet ein von Kummer und Schmerz geplagter Mensch in einem Psalm. Hieronymus schreibt gerade über diesen Psalm die Worte: „Hier offenbart sich Christus in seiner Passion". Im Leiden Christi ist auch unser Leid und unsere Furcht geheiligt. Vor Gott brauchen wir keine Angst zu haben. Er ist für uns noch viel mehr als Vater und Mutter, ja unendlich mehr, denn die Liebe einer Mutter zu ihrem Kind ist nur ein fahler Abglanz der Liebe Gottes zu jedem von uns.

„Hast du dein Kind gern?" frage ich Maria de Jesus. „Natürlich, und wie gerne ich es habe!" antwortet sie und wiegt das Kleine auf ihrem Schoß. „Also, Maria de Jesus, kannst du dir vorstellen, daß Gott dich noch viel lieber hat, als du dein Kind liebhaben kannst? So viele Beweise findest du in der Schrift! Du hast ja oft darin gelesen und wirst dich sicher an manche Stelle erinnern, die das ganz klar ausdrückt. Erinnerst du dich?“ Sie nickt. Und da zitiert sie auf einmal Jesaja 49,15 „Kann denn eine Frau ihr Kind vergessen? Erbarmt sie sich nicht der Frucht ihres Leibes? Und selbst wenn sie es vergessen würde: Ich vergesse dich nicht! – Siehe her: Ich habe dich eingezeichnet in meine Hände.“ Dieser Text ist Teil eines Liedes, das oft in den Gemeinden gesungen wird. „Nun denn, Maria de Jesus“, – beinahe hätte ich „Blanche“ gesagt –, „glaube an das, was du jetzt selbst zitiert hast: Gott vergißt dich nicht! Gott hat dich nicht verlassen. Er gibt dich nie auf. Nie!“

Ihre Familie sitzt da und schweigend starren mich alle an. Dann wieder werfen sie einen Blick auf die Frau. Maria de Jesus rückt ihr Kind zurecht und sieht mich plötzlich lange, lange an und lächelt auf einmal ihr schönstes Lächeln. Ich lächle auch und alle, die dieses Gespräch mitverfolgten, entspannen ihre Gesichter. Monate sind es her, daß sie Maria de Jesus lächeln sahen, gestehen sie mir und atmen auf. Konnte ich sie überzeugen?

Während der Messe stimmt Maria de Jesus die Lieder an, ich sehe in so manchen Gesichtern eine Mischung von Überraschung und Freude.

Nach der Eucharistiefeier fahren wir bald ab, denn bis zum Baquiá ist es doch eine gute Strecke. Ich ziehe es diesmal vor, während der Reise an Bord zu speisen, um Zeit zu gewinnen. Die Leute haben Verständnis dafür. Insgeheim denke ich natürlich, an Bord kann ich die Mahlzeit aufwärmen und ohne Hemmungen das weglassen, von dem ich weiß, daß es mir nicht bekommt.

In wenigen Minuten sind wir wieder auf dem Amazonas. Die Reise ist nicht besonders angenehm. Hoher Wellengang. Der Amazonas kann ruhig sein wie ein kleiner Binnensee, aber auf einmal verwandelt er sich in ein Ungeheuer. Er schäumt und rauscht und haushoch türmen sich die Wogen. Sie zu brechen, ist immer eine Kunst und gleichzeitig ein Abenteuer.

Antônio läßt sich am Steuer nicht aus der Ruhe bringen. Er kennt den Fluß und der Amazonas kennt ihn. So viele Jahre schon hat Antônio zu jeder Tages- und Nachtzeit die „Livramento" flußaufwärts und -abwärts gesteuert, immer wieder konnte er sich mit dem aufgebrachten Strom versöhnen. Selbst in sternenlosen, gewittrigen Nächten fand er stets den Weg. Seine Augen haben sich längst an scheinbar undurchdringliche Dunkelheit gewöhnt. Wo ein Laie nur schwarz in schwarz sieht, unterscheidet Antônio genau Festland vom Wasser und weiß sogar, wann er dem Ufer näher kommen oder sich weiter davon entfernen muß, um nicht auf einer Sandbank aufzulaufen. In angemessener Entfernung erkennt er treibende Baumstämme, um ihnen zeitgerecht zu entkommen. Während die „Livramento" manchmal ganz arg schaukelt, ein ununterbrochenes Auf und Ab, denke ich an die Menschen, von denen ich mich vor kurzem verabschiedet habe. Ich bete für Maria de Jesus, die „Blanche von der Todesangst Christi" von Areias. Ein Gebet von Kardinal Newman kommt mir in den Sinn. Ich habe es in meiner Jugend oft gebetet:

„Führe du, mildes Licht im Dunkel,
das mich umgibt, führe du mich hinan!
Die Nacht ist finster,
und ich bin fern der Heimat:
führe du mich hinan!
Leite du meinen Fuß –
sehe ich auch nicht weiter:
wenn ich nur sehe jeden Schritt.

Einst war ich weit zu beten,
daß du mich führtest.
Selbst wollt' ich wählen.
Selbst mir Licht, trotzend dem Abgrund,
dachte ich meinen Pfad zu bestimmen,
setzte mir stolz das eigene Ziel.
Aber jetzt – laß es vergessen sein.

Du hast so lang mich behütet –
wirst mich auch weiter führen:
über sumpfiges Moor,
über Ströme und lauernde Klippen,
bis vorüber die Nacht
und im Morgenlicht Engel mir winken.
Ach, ich habe sie längst geliebt –
nur vergessen für kurze Zeit."

Donnerstag, Christi Himmelfahrt. Hier wird das Fest am kommenden Sonntag gefeiert. In Brasilien gibt es längst nicht so viele kirchliche Feiertage wie in Österreich. Kein Ostermontag, kein Pfingstmontag, kein Christi oder Mariä Himmelfahrt, keinen Stephanstag. Vor einigen Jahren wurde „Maria Empfängnis", am 8. Dezember, wieder in den offiziellen Festkalender aufgenommen und dann das Fest der Patronin von Brasilien „Nossa Senhora Aparecida".

So gegen sechs Uhr abends kommen wir im Sektor Baquiá an. Der neue Versammlungssaal befindet sich zu meiner Überraschung auf dem der Kapelle gegenüberliegenden Ufer. Was ist hier passiert? Warum sind Kapelle und Versammlungssaal durch den Baquiá Grande getrennt, der hier fast so breit ist wie die Donau in Wien?

Die Leute kommen erst nach meiner Ankunft langsam angerudert. Die Gespräche, die bis in die Nacht hinein im

Schein einiger Ölfunzeln dauern sollten, beginnen sofort. Zunächst wird mir erzählt, warum der Pfarrsaal an diesem Ufer gebaut wurde. Der Besitzer des anderen Ufergebietes will von dieser Gemeinde nichts mehr wissen und drohte sogar den Leuten, den Saal anzuzünden, sollten sie ihn auf seinem Gebiet errichten. Sein Vater hatte zwar die Zustimmung zum Bau gegeben, aber der Sohn war nicht mehr damit einverstanden, seit ein Pater aus Altamira von den Ungerechtigkeiten sprach, die im Erziehungs- und Schulwesen vorkommen. „Reiche Leute können ihre Kinder in Belém oder gar in Rio de Janeiro studieren lassen!" ließ Pater Alírio kritisch verlauten. „Arme sind zu Analphabetismus verurteilt! Das ist ungerecht!" Tatsächlich hat dieser Großgrundbesitzer seine Söhne und Töchter in der Hauptstadt ausbilden lassen. Die reiche Familie fühlte sich angegriffen, als da plötzlich klar wurde, daß dieses Volk für sie seit Jahren arbeitet und sich zu Tode schuftet. Der Schweiß und Einsatz der Armen brachte dem Herrn einen Haufen Geld. Seine Kinder konnte er auswärts studieren lassen. Die Leute, die für ihn arbeiten, haben aber nicht einmal die Chance, ihren Kindern das ABC beizubringen.

Das interessierte die Großgrundbesitzerfamilie aber absolut nicht. „Die Kinder der Armen brauchen nichts lernen. Sie sollen früh ans Arbeiten gewöhnt werden!" – und natürlich damit ihre phantastischen Gewinne steigern. Und auf einmal kommt da jemand, regt sich auf und macht das Volk aufmerksam, wie ungerecht das alles ist. Die Armen werden unzufrieden. Die Folgen dieser Aufklärungsarbeit sind nicht abzusehen!

„In der Kirche soll man beten und nicht über solche Dinge sprechen", meinte der wohlgenährte, in Belém und Rio de Janeiro ausgebildete Sohn. Weg mit einer aufwieglerischen, subversiven Gemeinde von seinem Besitz!

Die Leute gaben nicht auf. Sie setzten ans andere Ufer über. Dieses Gebiet gehört einer multinationalen Firma. „BRUMASA“ heißt sie. Der Waldbesitz ist eine Art Reserve für dieses holzverarbeitende Unternehmen. Immerhin, bisher regte sich niemand auf. Es wird kaum der Fall sein, daß jemand kommen wird und den Saal in Flammen aufgehen läßt.

Die Berichte der Gemeinde gehen vom Hundertsten ins Tausendste. Es fehlen Schulen und wo es solche gibt, fehlen die LehrerInnen. Transportprobleme erschweren den Kontakt mit dem Hauptort, das ist besonders schrecklich bei Krankheitsfällen. Aufgedunsene Bäuche sind der untrügliche Beweis aller erdenklichen Wurmkrankheiten dieses Volkes.

Eine Frau sitzt am Boden und redet von den Problemen in ihrer Gemeinde. Manchmal blieben die Aufgaben der Pastoralarbeit nur an einer Person hängen. Das sei ungerecht. Einige übernehmen so viele Verpflichtungen, andere schauen nur zu, oder kritisieren sogar, wissen alles besser, aber rühren keinen Finger. Wenn alles gut geht, seien sie stolz auf ihre Gemeinde, wenn aber etwas fehl schlägt, sei der Gemeindeleiter oder die -leiterin schuld.

Hin und wieder sei sie soweit aufzugeben. Dann denke sie doch wieder nach und erinnere sich, daß sie eine Sendung erfülle, die ihr nicht Menschen übertragen haben – na ja, dies schon auch, denn sie sei ja von der Gemeinde für eine Aufgabe bestimmt worden –, aber letztlich sei sie dem Herrgott gegenüber verantwortlich.

Sie sitzt auf dem Fußboden mit ausgestreckten Beinen, ein etwa eineinhalbjähriges Kind auf dem Schoß, das an ihrer Brust hängt. Mir ist unerklärlich, wie eine so magere, ausgemergelte Frau stillen kann. Ob es da noch Nahrung für den Kleinen gibt?

Am rechten Auge fehlt das ganze Augenlid. Ein furchtbarer Anblick! Diese Frau, selbst wenn sie schläft, hat das rechte Auge immer offen! Zur Armut, zum total ausgelaugten Körper noch diese Verunstaltung in ihrem Gesicht!

Am Vormittag des folgenden Tages ist Firmung. Bei den Beichten vor der Eucharistiefeier fallen mir besonders die abgearbeiteten Hände der Mädchen auf. Von klein auf müssen sie hart, wirklich hart arbeiten und diese Hände zeugen davon. Sie sind klein und zierlich, aber die Handflächen sind voll von Schwielen und dunklen Rissen.

Ich frage die Firmlinge, was denn der heutige Tag für sie bedeute. Ein Mädchen – ausgesprochen hübsch! Wenn diese jugendliche Schönheit nicht hier am Baquiá leben würde, wäre sie Kandidatin für „Miss World“ oder wenigstens für „Miss Brasilien“. Sie gibt spontan Antwort: „Es wiederholt sich heute am Baquiá, was vor bald zweitausend Jahren in Jerusalem, fünfzig Tage nach Ostern geschah. Da waren die Apostel mit der Mutter Jesu versammelt. Immer noch hatten alle Angst, wenn sie auch wußten, daß der Herr von den Toten auferstanden war. Sie kamen wohl zusammen, aber verschlossen die Türen, als ob ihre Zusammenkunft eine Geheimversammlung wäre. Auf einmal wurde alles anders. Derselbe Petrus, der nicht den Mut aufbrachte, sich als Freund Jesu zu erklären, als eine Magd ihn schlicht fragte, ob er mit Jesus bekannt war, kommt nun aus dem Saal heraus und bekennt in aller Öffentlichkeit, daß Jesus der Messias sei. Derselbe Petrus, der noch vor einigen Wochen ‚wie ein Ziegenbock im Regen zitterte‘ (In Österreich würde man es wohl etwas sachter ausdrücken: „Wie Espenlaub zitterte“.) und dem ein Hahn ins Gewissen krähen mußte, hat auf einmal alle Furcht und Angst verloren und verkündet: ‚Der Gott Abrahams, Isaaks und Jakobs, der

Gott unserer Väter, hat seinen Knecht Jesus verherrlicht, den ihr verraten und vor Pilatus verleugnet habt, obwohl dieser entschieden hatte, ihn freizulassen. Ihr aber habt den Heiligen und Gerechten verleugnet und die Freilassung eines Mörders gefordert. Den Urheber des Lebens habt ihr getötet, aber Gott hat ihn von den Toten erweckt. Dafür sind wir Zeugen.'" (Apg 3,13-15)

Ich bin überrascht, wie dieses Mädchen die Apostelgeschichte zitiert und werfe einen Blick auf die Katechistin, die diese jungen Leute seit zwei Jahren auf die Firmung vorbereitet hat. Dona Fátima scheint sich an der „Predigt" dieses Mädchens zu ergötzen. Ein berechtigter Stolz läßt ihr das Blut in den Kopf steigen und rötet ihr Gesicht. Sie ist gleichzeitig erfreut, stolz und nervös. Um die Nervosität zu verbergen, beginnt Fátima ihre langen schwarzen Haare zu ordnen und zu einem Knoten festzumachen.

Das Mädchen spricht weiter und bringt mich um „meine" Firmpredigt: „Von diesem Augenblick an haben die Apostel die Frohe Botschaft bis ans Ende der Welt getragen. Sie ist zu uns gelangt und es ist nun auch unsere Aufgabe, ‚Zeugnis' für Jesus abzulegen, wie die Jünger Jesu es damals getan haben, sogar bis zum Blutvergießen. Petrus hat man ja auch gekreuzigt, und Dona Fátima hat uns erzählt, er wollte nicht wie der Herr Jesus sterben. Er habe sich nicht würdig gefühlt, denselben Tod wie der Meister zu erleiden. So hat man ihn mit dem Kopf nach unten gekreuzigt. Am Ort seines Martyriums ist dann eine große Kirche gebaut worden. Wo? Das weiß ich nicht mehr!"

Das Mädchen blickt in die Runde und fordert die anderen Mädchen und Burschen auf zu sagen, auf welche Weise sie nun Zeugnis ablegen wollen. Und da beginnt nun die Aufzählung der Vorsätze. Die Burschen sind etwas gehemmt, ziehen zerknitterte Zettel aus der Hemdtasche und lesen vor. Die Mädchen sind spontaner. Die Vorsätze sind vielfältig: „Ich werde am Sonntag die Lesung vortragen!" „Ich werde die Lieder anstimmen!" „Ich werde die Kinder für die Erstkommunion vorbereiten!" „Ich werde die Kranken besuchen!" „Ich werde die Leute, die kaum kommen, zum Gottesdienst und zu den Versammlungen einladen!" „Ich werde beim Kochen helfen, wenn eine Gemeindeversammlung ist!" „Ich werde beim Bau von Latrinen mitarbeiten, um die Wurmkrankheiten einzudämmen!" „Ich kann lesen und schreiben. So werde ich mich für die Alphabetisierungskampagne zur Verfügung stellen!"

Ich rufe den Geist Gottes auf diese Jugendlichen herab. Mit mir strecken alle Gemeindemitglieder die Hände über die Firmlinge aus, während ich die sieben Gaben des Heiligen Geistes für die jungen Menschen erflehe. Firmung ist ja nicht nur ein Fest der Firmlinge, sondern der ganzen Gemeinde. Auch wird hier keine und keiner gefirmt, wenn sie nicht wenigstens fünfzehn Jahre alt sind. Die Firmung soll das Sakrament der bewußt übernommenen Verantwortung und des Einsatzes für die Gemeinde sein! „Ana Maria, empfange die Gabe Gottes, den Heiligen Geist!" „Benedito, empfange die Gabe Gottes, den Heiligen Geist!" „Bárbara, empfange die Gabe Gottes, den Heiligen Geist!" wiederhole ich die sakramentale Formel und zeichne mit dem Chrisam das Kreuz auf die Stirne der jungen Leute.

Vom Baquiá gibt es eine etwas längere Reise bis zum Mararu. Es ist schon dunkel, als wir ankommen. Beim herzlichen Empfang werde ich mit Blüten und Konfetti übersät. Für die Konfettizubereitung mußten wohl unzählige Frauenhände und Scheren herhalten. Meine Haare und das Hemd sind voll Schnipsel, manche davon kleben mir auf Brust und Rücken. Ich bekomme Geschenke: eine Holzvase mit einer Kunstblume, an der als Blütenblätter die Namen aller Gemeinden hängen; ein T-Shirt mit den Namen der Gemeinden, einem Christus-Kopf auf der Brustseite und den Worten „Erinnerung an den Besuch des Bischofs am Rio Mararu“ auf der Rückseite. Jede Gemeinde hat einen Spruch vorbereitet, der von Frauen vorgetragen und jedesmal mit Applaus quittiert wird.

Schließlich bekomme ich noch ein Handtuch. Auch darauf hat jemand die Namen der Gemeinden gemalt. Es ist zu dunkel, um alle Details sehen zu können, aber anderntags muß ich an Bord hellauf lachen, denn dieses Handtuch hat einen „Tiefdruck“ und da steht zu lesen: „Entremares Hotel“. Also war da wohl jemand in Belém oder Macapá in einem Zwei-Sterne-Hotel gewesen. Dort fest zur Kasse gebeten, dachte dieser Gast, auch das Handtuch erworben zu haben. Jetzt bekomme ich dieses mitgenommene Objekt als Geschenk überreicht.

Nach der langen Begrüßung mit Händeschütteln und Umarmen kommen die abendlichen Berichte, diesmal wirklich unendlich langatmig und zähflüssig. Ich kämpfe mit dem Schlaf. Manch eine oder einer schläft auch prompt ein.

Clodóvis läßt sich dadurch nicht beirren und spricht weiter, seinen Blick immer auf denselben Punkt einer Ecke im Saal gerichtet und mit einer Stimme, die absolut kein einziges Mal den Tonfall ändert, immer im „tonus rectus“ und im selben „piano-piano“. Es ist, als ob jemand auf dem Klavier zunächst den Fuß auf das Dämpfer-Pedal setzte und dann eine halbe Stunde lang immer die Taste „A“ anschlägt.

Und ich höre zu. Bei meinem zusammenfassenden Abschlußbericht merke ich, wie die Leute aufwachen, manche wohl aus dem Tiefschlaf. Die Erfahrungen der Gemeinden, die auf Plakate geschrieben wurden, sind im Halbdunkel kaum zu entziffern. Zur Überraschung der Anwesenden gelingt es mir, auf jede Anmerkung der Gemeinden einzugehen.

Rückblickend fällt mir auf, daß die Frauen nach der Begrüßung die „Führung" abgegeben haben. Während des ganzen Abends sind sie nicht zu Wort gekommen. Immer haben sich die Männer hervorgetan, ganz besonders der eintönige Clodóvis. Das stimmt mich bedenklich. Welche Rolle wird den Frauen in der Kirche zugeteilt? Sie stehen an erster Stelle bei kirchlichen Dienstleistungen: Putzen und Schmücken der Kirchen, Reinigen der liturgischen Gewänder und Altartücher, Austeilen der Pfarrblätter, Weitergabe der Informationen, Organisation der Kirchenfeste, schließlich das Backen und Kochen für Versammlungen und Feierlichkeiten.

Wann ist die Mitarbeit und Mitbestimmung von Frauen erwünscht? Ist das nicht seit jeher Männersache? Und irgendein Clodóvis ist da immer zur Stelle, der sie übertönt oder sie mit monotonen Ausführungen gar noch einschläfert!

In manchen Gemeinden sind Frauen leider noch sehr dem autoritären, machistischen Gehabe der Männer ausgesetzt. Ihr Leben ist ausschließlich auf die traditionellen Bereiche der Kindererziehung und Hausarbeit ausgerichtet. In der Kirche wird ihnen das Vorbeten beim Rosenkranz und die Kehrarbeit im Gemeindesaal zugewiesen. Wenn sie ihre Pflichten erfüllt haben, heißt es, sich zurückziehen und warten, bis der nächste Auftrag kommt.

Wann wird sich das ändern?

Sicher gibt es in anderen Dörfern schon recht hoffnungsvolle Aufbrüche der Frauen, wenn ich daran denke, daß von den 600 kleinen kirchlichen Basisgemeinden am Xingu mindestens zwei Drittel von Frauen geleitet werden. In partnerschaftlicher Weise werden sie bei allen Vorgängen und Entscheidungen gehört und miteinbezogen. Dort haben die Männer den Schöpfungsgedanken besser verstanden: „Gott schuf den Menschen als sein Abbild. Als Mann und Frau schuf er sie." (Gen 1,27)

Dieser Vers aus dem Buch Genesis war vor kurzem der Leitspruch für die brasilienweite „Fastenaktion der Geschwisterlichkeit". Bezeichnenderweise hatte die Bischofskonferenz auf Plakaten und Flugzetteln das Bibelwort umgekehrt: „Als Frau und Mann schuf er sie." Allerdings meine ich, daß es zuwenig ist, nur die Reihenfolge umzustellen. Wir müssen uns gemeinsam um eine grundsätzliche Änderung der traditionellen kirchlichen Strukturen bemühen und uns dabei viel mehr auf das Handeln Jesu besinnen. Zu seiner Zeit war das gesellschaftliche Ansehen der Frauen sehr gering und unbedeutend. Und Jesus setzt da ganz eindeutige Zeichen: Er wendet sich der Frau am Jakobsbrunnen zu, ist Gast bei Martha und Maria, läßt sich von einer Frau salben und heilt kranke Frauen. Auch auf seinem Leidensweg sind sie in der Nähe und Jesus tröstet die klagenden und weinenden Frauen von Jerusalem. Die Nachricht von Jesu Auferstehung wurde am Ostermorgen Frauen kundgemacht. Sie waren die ersten, die der Welt die Botschaft vom Sieg des Lebens über den Tod verkündeten.

„Doch die Apostel hielten das alles für Geschwätz und glaubten ihnen nicht." (Lk 24,11)

Der lebendige Kreuzweg

Ein Freitag, Ende der sechziger Jahre. Auf der Straße begegne ich meinem Freund Damasceno vom Post- und Telegraphenamt. Mit vorgehaltener Hand sagt er: „Compadre, in einigen Wochen wird ein Geldregen über Altamira niedergehen! Heute kam aus Brasília ein Telegramm an den Bürgermeister. Die Regierung hat den Bau einer Riesenstraße quer durch den Urwald beschlossen. Altamira wird endlich aus dem Dornröschenschlaf geweckt! Die Neuigkeit bleibt aber unter uns", flüstert Damasceno, „denn ich darf diese Botschaft an den Bürgermeister nicht weitergeben. Aber dir kann ich wohl vertrauen!"

Zunächst will ich diese Geschichte nicht so recht glauben. Schon öfters wurden solche Meldungen in Altamira verbreitet. Eine Mischung von Traum und sehnlichem Wunsch! Altamira ist von der Welt vergessen. Wer die geographische Lage des Städtchens am Xingu näher erklären wollte, bediente sich oft der typisch brasilianischen Redewendung: „Dort, wo Judas seine Stiefel verloren hat!" Die Bibel gibt keine Auskunft, ob Judas je Stiefel getragen hat, und noch weniger darüber, daß er sie verlor. So meint dieser Ausdruck schlicht: Es ist ein unbedeutender, verlassener Ort am Ende der Welt, nicht der Rede wert. Ein Beamter aus Rio de Janeiro, den ich vor Jahren in Altamira traf, erkundigte sich nach meiner Herkunft. Als ich ihm erklärte, ich sei aus Österreich, meinte er: „Du mußt in deiner Heimat einiges angestellt haben, sonst hätte man dich nicht an diesen weltverlassenen Ort verbannt!"

„Soll sich nun alles ändern? Wird Altamira sozusagen über Nacht Mittelpunkt eines großangelegten Projektes?" geht es mir durch den Kopf. Aber Damasceno lügt mich doch nicht an! Das Telegramm ist sicher keine Erfindung. Also können wir uns auf etwas gefaßt machen!

Altamira zählte damals knapp 5000 Einwohner. Der wirtschaftliche Aufschwung durch den Kautschuk-Boom war längst erloschen, genauso wie das elektrische Licht. Der Generator der Gemeinde hatte den Geist aufgegeben. Eine Reparatur lohnte sich nicht, da die meisten Bestandteile nicht mehr aufzutreiben waren. Trinkwasserversorgung gab es nicht. Die Leute holten das Wasser aus dem noch kristallklaren und sauberen Xingu.

Die Geschäfte stagnierten, vom einstigen Wohlstand war kaum etwas geblieben. Bis in die vierziger Jahre waren reiche „Gummibarone“ Herren riesiger Ländereien. Jeder verfügte über ein Heer von „Seringueiros“, die wie Sklaven gehalten wurden. Entlohnt wurden diese Arbeiter mit Lebensmitteln. Gerade soviel, wie zum Überleben notwendig war. Keiner hatte je die Farbe einer Banknote gesehen, und so war es für sie unmöglich, der Abhängigkeit zu entrinnen.

Heute erzählt man noch, daß diese Barone ihre Zigarren mit Geldscheinen anzündeten. Solch protziges Gehabe gehört längst der Vergangenheit an. Die Nachkommen der einstigen Reichen sind allesamt verarmt, viele von ihnen nagen sogar am Hungertuch. Andere sind nach Belém oder in den Süden gezogen. Als sie merkten, daß am Xingu nichts mehr zu holen war, haben sie in Rio de Janeiro oder São Paulo ihr Geld angelegt.

Das Xingu-Tal war für Geschäfte nicht mehr interessant. Der Transport wurde schwieriger, Reisen dauerten immer länger. Für eine Schiffsfahrt nach Belém brauchte man über eine Woche. Als der Linienverkehr auf den Flüssen eingestellt wurde, boten Händler, die bei jeder kleinen Siedlung anlegten, eine Mitfahrgelegenheit an. Die Flugmöglichkeiten waren ebenfalls sehr eingeschränkt. Für eine Reise zu meinen Verwandten nach Santa Catarina mußte ich im November 1968 drei Wochen auf das Kleinflugzeug warten, das mich nach Belém bringen sollte.

Die Situation im Bildungs- und Gesundheitswesen war unzureichend. Die einzige Schule, das Instituto Maria de Mattias, hatte buchstäblich rund um die Uhr Betrieb: vormittags Volksschule, nachmittags Hauptschule und abends Lehrerbildungsanstalt.

Mitte der sechziger Jahre bauten wir mit Unterstützung eines europäischen Hilfswerkes ein Spital mit 25 Betten. Krankenschwestern aus Österreich und Deutschland leisteten vorbildliche Dienste und ersetzten oft und oft den fehlenden Arzt. Schwester Luise mußte sogar einen Landarbeiter operieren. Ein Bauchschuß hatte ihm lebensgefährliche Verletzungen zugefügt. Sie entfernte die Kugel und rettete dadurch sein Leben. Schwester Johanna wirkte als Hebamme beinahe Wunder. Wie viele Frauen und Kinder verdanken ihr das Leben! Schwester Rosmarie war verantwortlich für das Labor. Durch das Mikroskop entdeckte sie die Krankheitserreger dieses Volkes. Es gab Zeiten, in denen kaum eine Familie in Altamira von Malaria verschont war.

Ja, so war es in jenen Jahren. Als der brasilianische Präsident Emílio Garrastazu Médici den von Dürreperioden heimgesuchten Nordosten Brasiliens überflog, hat er geweint. „Von oben“ mußte er die katastrophalen Folgen der jahrelangen Trockenheit feststellen. Er soll nach dem Norden geblickt und ausgerufen haben: „Land ohne Leute für Leute ohne Land!“ „Terra sem homens para homens sem terra!“ war denn auch der Werbespruch beim Bau der Transamazônica. Dieser Slogan wurde in

Vers und Prosa von Politikern und Militärs aller Rangstufen wiederholt!

Amazonien, ein „Land ohne Leute“, ist der erste verhängnisvolle Irrtum! Die Besiedlungsdichte war zwar immer niedrig, aber Amazonien war nie ein „Land ohne Leute“. Wohl seit Jahrtausenden ist der tropische Regenwald die Heimat der Indianer und seit Jahrhunderten der Siedler, die an den Ufern der Flüsse und Bäche von Fischfang, Ackerbau, Gummizapfen, Paranußsammeln und von der Jagd leben. Die Menschen ernährten sich von dem, was der Urwald reichlich schenkte. Eine skrupellose Ausbeutung der Natur lag ihnen fern. Wälder und Flußlandschaften waren intakt.

„Leute ohne Land“ im Nordosten Brasiliens ist eine weitere präsidentiale Verdrehung der Tatsachen. Ein Bischof aus dieser versteppten Region sagte mir einmal: „O problema não é a seca, mas a cerca“, was soviel heißt wie: Das Problem ist nicht die Dürre, sondern der Stacheldraht. Seit der Invasion der Portugiesen im Jahre 1500 hatte sich im Nordosten der Großgrundbesitz ständig ausgebreitet. Es begann mit den Zuckerrohrplantagen. Ausgedehnte Viehweiden kamen in den letzten Jahrzehnten hinzu. Für kleine Bauern war nunmehr kein Platz. Sie wurden in unwirtliche Gegenden verdrängt, wo vor allem Wasser ein Luxusartikel war. Die Großgrundbesitzer hatten mit der Bewässerung keine Probleme. Für ihre artesischen Brunnen und künstlichen Seen erhielten sie von der Regierung großzügige Subventionen. Das lebensnotwendige Wasser war aber nicht für die Bevölkerung bestimmt, sondern für das Vieh. So kam es, daß Frauen zu später Nachtstunde über die Stacheldrahtumzäunung einer Fazenda stiegen, um Wasser buchstäblich zu stehlen.

Es gab wohl Menschen ohne Land und vor allem ohne

Wasser. Der Grund ihres Elends aber wurde immer verschwiegen. Um sozialen Unruhen in diesem Teil des Landes vorzubeugen, wurde die „Lösung" des Problems nach Amazonien verlagert und damit den „ewigen" Wäldern das Todesurteil ausgesprochen.

Noch etwas hat der dritte Präsident der Militärdiktatur, der tränenreiche General Médici, verheimlicht. Im Landesverteidigungsplan von General Golbery do Couto e Silva scheint Amazonien aufgrund seiner geringen Besiedlung als Schwachstelle im Sicherheitssystem auf. Für die Militärs ist das Gebiet bis heute die Achillesferse von Brasilien.

In Lateinamerika folgen Militärs anscheinend einer anderen Vernunft als „normale Sterbliche". Jemand formulierte es einmal so: „Es gibt drei Ausprägungen der Intelligenz: die menschliche, die tierische und die militärische." Der „militärische Verstand" verlangt den Schutz Amazoniens vor einem „äußeren" Feind. Dieser Feind treibt aber offensichtlich nur in den Gehirnwindungen der Generäle sein Unwesen, denn er wird nie näher definiert. „Die Souveränität Brasiliens muß geschützt werden", heißt es noch immer am Beginn des Tagesbefehls an die Truppen, obwohl seit der Unabhängigkeitserklärung von Portugal kein Erdenbürger an der brasilianischen Oberhoheit in Amazonien zweifelt.

Die Souveränität ist nach „militärischem Verstand" allerdings nur dann garantiert, wenn Amazonien endlich dichter besiedelt sein wird. Großfamilien aus dem Nordosten – so dachten die Oberbefehlshaber – „schenken" dem Vaterland ihre Söhne, damit diese, unter Einsatz ihres Lebens, Brasilien gegen unerwünschte „Eindringlinge" verteidigen würden. Woher kommen die Eindringlinge? Diese Frage wußte niemand zu beantworten. „Wohl aus Suriname, Guayana oder Französisch

Guayana“, lächelten viele Brasilianer und bezogen sich auf diese Länder im Norden des Halbkontinentes, die im Vergleich zu Brasilien „Zwergstaaten“ sind. Sie lächelten damals aber nicht in der Öffentlichkeit. Eine solche Bemerkung wäre als staatszersetzende Kampagne mit Gefängnis bestraft worden. Die regierenden Generalsmajestäten sahen es als Majestätsbeleidigung an, wenn jemand nicht im Gleichschritt ihrer Marschmusik folgte. Sie ließen die Unwilligen ins Gefängnis sperren, foltern oder gar töten.

Die Militärs selbst betrieben regen Ausverkauf mit Amazonien. Hemmungslos vergaben sie großzügig Schürfrechte an multinationale Bergwerksgesellschaften und öffneten Tür und Tor für weltweite Unternehmen. Bis heute macht ihnen diese „Internationalisierung“ keine Gewissensbisse.

Ein weiterer Slogan wurde gegen alle jene geprägt, die mit den Machthabern nicht einverstanden waren: „Brasil, ame-o ou deixe-o!“ Brasilien: liebe es oder verlasse es! Gemeint war hiermit nicht das Brasilien des guten brasilianischen Volkes, das trotz der Armut nie seine Herzlichkeit und Lebensfreude verloren hat. Es handelte sich vielmehr um das Brasilien der herrschenden Generäle, die jeden Kritiker als „subversiven Volksschädling“, „brasilienfeindlichen Kommunisten“, „linkslastigen Aufwiegler“ an den Pranger stellten und zu Freiwild erklärten.

Amazonien war bislang beinahe außerhalb der Reichweite der Militärs. Dieser untragbaren Situation mußte Abhilfe geschaffen werden. Zudem könnten sich Guerilla-Bewegungen im Schutz des Urwaldes organisieren, wie das schon einmal der Fall war. Der Kampf gilt auch dem „inneren“ Feind, also all jenen, die sich der Militärdiktatur widersetzen und für Demokratie, Freiheit und den Respekt der Menschenrechte eintreten.

Es ist daher keineswegs überraschend, daß im selben Augenblick, als Schubraupen die ersten riesigen Urwaldbäume wie Bohnenstangen zu Fall bringen, die ersten Spatenstiche zum Bau der großen Kaserne auf einem Hügel über Altamira die rote Erde verletzen.

Der Totentanz für Amazonien wird mit einem Maskenball der Militärs eingeleitet. Für die Öffentlichkeit werden humanitäre Motive konstruiert: Um dem Problem der Dürrefolgen im Nordosten Abhilfe zu schaffen, soll Land in Amazonien für Familien aufgeteilt werden. Das Regime verfolgte aber eindeutig andere, nämlich militärische Ziele.

Im Grunde ist es jedoch das „Lacrimosa" für Amazonien. Die letzten Takte, die Mozart für das „Dies irae" seines Requiems auf dem Totenbett komponierte.

„Lacrimosa dies illa,
Qua resurget ex favilla
Judicandus homo reus."

Ein suggestives Crescendo läßt den Satz „Voll der Tränen jener Tag, an dem aus Asche zum Gericht sich erheben wird" von Silbe zu Silbe immer eindringlicher werden. Dann der verurteilende Forteausbruch bei den Worten „Homo reus" – „der schuldbeladene Mensch"!

Der jahrtausendalte undurchdringliche Urwald wird nach dem Bau der Transamazônica in Brand gesteckt. Das Zeitalter des Feuers bricht über Amazonien herein. Der größte Brand der Welt vernichtet Land und Heimat der Urbevölkerung. Tausende Quadratkilometer tropischer Regenwald werden in kürzester Zeit zu Asche und verkohltem Astwerk.

Das gigantische Feuer breitet sich über andere Gebiete Amazoniens aus. Bei Reisen in den südlichen Teil von Pará kann ich das immer wieder erleben. Tag und Nacht brennen mir die Augen vom Rauch. Die Sonne ist den ganzen Tag nur als tiefrote Scheibe zu sehen. Sie steht mittags am Zenit, aber es ist Dämmerung. Kürzlich besuchte ich eine Schule. In der Klasse hatte die Lehrerin ein Plakat an die Wand geklebt: „Kinder, bewahren wir die Natur und lieben wir Gottes Schöpfung!" Rund um die Schule, soweit das Auge reicht, ist der Wald in Niederungen und auf Hügeln abgebrannt. Einige Bäume stehen noch, glühend und brennend. In der Nacht werden sie zum rotleuchtenden Mahnmal und zur schaurigen Anklage der Gotteslästerung an die Menschen, die sich gegen den Plan Gottes stellen, die Natur vergewaltigen, die Schöpfung mißbrauchen und zerstören. Die sogenannte Industriezivilisation sieht in Amazonien ein Umfeld für Großprojekte. Der Mensch wird ausgeklammert. An seine Stelle treten Fortschritt und Macht, Entwicklung und Gewinn.

Gelingt es uns noch, dem Raubbau und der Zerstörung unserer Mit-Welt Einhalt zu gebieten? Können wir noch im letzten Augenblick das Unglück verhüten, daß sich die Natur auf einmal so benimmt, als ob es die Menschen gar nicht mehr gäbe?

„Lacrimosa dies illa..." Es ist der Mensch, der die Natur zerstört, an Gottes Schöpfung schuldig wird. „Homo reus"! Tränen kommen oft zu spät!

Großfirmen teilen sich den Straßenbau in Richtung Santarém, Itaituba und Marabá auf. Arbeiter und Kaufleute, Spekulanten und Glücksritter drängen unaufhörlich nach dem neuen Eldorado. Und die Prognose von Damasceno bewahrheitet sich. Geld fließt in Strömen, allerdings nicht für Altamira, sondern für Firmen und zugewanderte Kaufleute. In wenigen Monaten verdoppelt, verdreifacht sich die Bevölkerung. Zehn Jahre später zählt Altamira etwa 70.000 Einwohner. Die Stadt wuchs nicht auf natürliche Weise, sie trieb eine Krebsgeschwulst nach der anderen auf alle Seiten. Die seit jeher unzulängliche Infrastruktur hat mit dieser Entwicklung nicht Schritt gehalten. Je weiter sich die neue Straße in den Urwald vorfrißt, desto mehr Siedler werden von der Regierung aus dem Nordosten nach Altamira transportiert. Die Transamazônica wird zum landesweiten Hit Nummer Eins.

Fernsehen, Radio und die Zeitungen verbreiten die Versprechen der Militärs: Für jede Siedlerfamilie warten im Xingu-Tal 100 Hektar fruchtbares Ackerland, ein schmuckes Häuschen in einer Agrovila, finanzielle Starthilfe und steuerliche Begünstigung. Für Schulen, Gesundheitsposten und Transportmöglichkeit ist vorgesorgt.

Und sie kommen in Scharen! Tausende Familien voller Hoffnungen und Träume!

Zunächst reisen sie ab Belém per Schiff, bis eines der Schiffe in der Nähe von Breves in Brand gerät. Dutzende Familien kommen dabei in den Flammen ums Leben oder ertrinken.

In der Folge werden die Leute nach Altamira eingeflogen. Und erstmals setzen Flugzeuge vom Typ Boeing 737 zu einer waghalsigen Landung auf der Piste von Altamira an. Wenn sich in der Ferne ein Flugzeug ankündigte, fuhr ich oft zum Flughafen, um die ankommenden Passagiere zu begrüßen. Ich sah viele erwartungsvolle Gesichter. Mütter und Väter waren glücklich, endlich eigenes Land zu bekommen, das für sie Leben bedeutete.

Vom Flughafen ging es in eines der „Auffanglager", die alle einen prominenten Namen hatten. Eines hieß zum Beispiel „João Pezinho". Er war damals Vize-Bürgermeister von Altamira. Dieser Herr hatte vor Jahren sein Gewissen mit dem Tod vieler Arara-Indianer belastet. Am Biertisch prahlte er gerne mit seinen Aktionen zur

Ausrottung der „Wilden“. Inmitten des Urwaldes ließ er einen Stützpunkt errichten und mit einem Drahtgitter umzäunen. Die neugierigen Arara wollten dem Treiben der Weißen zusehen, drängten zum Zaun und hielten sich an ihm fest. Der Draht war unter Starkstrom gesetzt und tötete die Arara durch Elektroschock. Andere wurden erschossen. Wieviele ums Leben kamen, ist bis heute unbekannt. João Pezinho, der Indianermörder, erlag vor einigen Monaten einem Herzinfarkt.

Die erste Ernüchterung für die Neuankömmlinge stellte sich schon im Auffanglager ein. Wie Gefangene sind sie auf engstem Raum zusammengepfercht. Tag und Nacht müssen sie gegen Ratten, Stechmücken und die steigende Verzweiflung ankämpfen, die sich wie Eisensplitter in ihr Herz bohrt. „Es wird schon! Geduld, Geduld!“ hören sie täglich und dies Monate lang. Sie hegen wieder Hoffnung, träumen des Nachts von ihrem Fleckchen Erde und dem Haus, in das ihre Familie bald einziehen wird. Untertags schmieden sie Pläne, was sie anbauen und züchten werden: Reis, Bohnen, Kakao, Pfeffer, Zuckerrohr, Fruchtbäume, Hühner, Schweine, vielleicht sogar ein paar Kühe...

Familie um Familie bringt man in die neuen Siedlungen. Der Traum vom gelobten Land, wo Milch und Honig fließen, geht für sie nicht in Erfüllung. Die Holzhäuser, die sie in den Agrovilas vorfinden, sind leer. Es gibt keine Möbel, weder Herd noch Schrank, weder Tisch noch Bett. Dabei wurden die Leute angewiesen, ihre wenigen Habseligkeiten zurückzulassen. Es sei für alles gesorgt.

In manchen Agrovilas gibt es nicht einmal Wasser. Und das in Amazonien, dem flußreichsten Gebiet der Erde. Die geographische Lage der Agrovilas wurde auf dem Reißbrett in den klimatisierten Büros der Hauptstadt

Brasília festgelegt. Es gab nur ein Konzept: Alle fünf Kilometer eine Nebenstraße nach Norden und Süden und eine Agrovila. Wo sich die nächste Wasserquelle, ein Bach oder Flüßchen, befand, war für die Planer bedeutungslos. Die Entfernung von der einen zur anderen Agrovila hatte auf den Meter genau zu stimmen, selbst wenn der nächste Fluß kilometerweit entfernt ist. Wieder so ein Unsinn, wie ihn Saint-Exupéry im Buch „Der kleine Prinz" dem Nachtwächter eines winzigen Planeten anlastet. Dieser zündet, obwohl es nicht notwendig wäre, die Nachtlaterne an, löscht sie wieder aus und hat dafür nur eine einzige Erklärung: „Es ist Vorschrift!"

Kann denn Unsinn durch Vorschriften und Gesetze je sinnvoll werden?

Gerade im feuchtheißen Klima Amazoniens eine zusätzliche Enttäuschung für die Nordestinos. Sie glauben, endlich der Trockenheit entkommen zu sein, und erwarten Wasser im Überfluß.

Die Zuteilung der Parzellen wird zu einem weiteren schrecklichen Kapitel in der Geschichte der Transamazônica. Bodenreform bedeutete für die Herren im fernen Brasília lediglich die Vermessung und anschließende Aufteilung des Urwaldes. Sonst nichts! Der neue Siedler steht mit seiner Familie plötzlich vor einer überwältigenden Aufgabe. Nur mit Axt und Buschmesser ausgerüstet, soll er aus hundert Hektar Urwald ein Stück Land urbar machen. Die einzige Möglichkeit, die bleibt: Brandrodung!

Die zugeteilten Parzellen liegen zwanzig und mehr Kilometer von der Agrovila entfernt. So bauen viele Familien auf ihrem Grundstück einen kleinen Unterstand, denn der tägliche Fußmarsch ist ihnen zu anstrengend. Das ermüdet zu sehr, die Rodungsarbeit ist dadurch gefährdet. Die Nächte im Urwald werden zum

Alptraum. Oft reißen fauchende Tiger und Wildkatzen die Leute jäh aus dem Schlaf. Die Männer bewaffnen sich und halten Nachtwache, um ihre Familien zu schützen.

Die Insektenplage zermürbt diese Menschen noch mehr. Untertags sind es Piuns, des Nachts Stechmücken. Die Piuns lassen Hände, Arme, Füße, Hals und Gesicht anschwellen und treiben Menschen beinahe in die Verzweiflung. Die Stechmücken rauben den Schlaf und übertragen die Malaria. Ärztliche Betreuung gibt es, wenn überhaupt, in der Stadt. Sie liegt einige hundert Kilometer entfernt.

Die Leute sind dennoch zuversichtlich und glauben an eine bessere Zukunft. Die ersten Hürden müssen eben genommen werden. Fleißig roden sie und brennen den Wald ab. INCRA, das Institut für Agrarreform, vermittelt Kredite und verpflichtet die Bauern gleichzeitig, nur eine bestimmte Sorte vom Saatgut zu verwenden. Wer andere Reissorten pflanze, verliere jegliche Unterstützung. Die Bauern beugten sich dieser Verordnung und zogen, wie immer, den kürzeren. Die Samen waren für die klimatischen Verhältnisse Amazoniens ungeeignet. Wenn die Saat überhaupt aufging, waren die Reisähren leer oder trugen nur wenige Körner. Ein totaler Fehlschlag!

Unzählige Bauern klopften damals sorgenvoll an meine Tür, und ich versuchte ihnen aus ihrer großen Not zu helfen. Wir gründeten eine Art privater Genossenschaft, um von der staatlichen Finanzhilfe unabhängig zu sein. Mit Spenden aus Europa richteten wir einen Fonds ein und kauften Saatgut für die nächste Pflanzung. Die Bauern verpflichteten sich, nach der Ernte die jeweilige Anleihe zurückzuzahlen.

Das Lächeln auf den Gesichtern, wie damals auf dem Flughafen von Altamira, ist längst verschwunden. Viele Familien sind am Rande der Existenz. Die Hoffnung ist gewichen, der Traum ausgeträumt. Zurück bleiben kranke Kinder, weinende Frauen, niedergeschlagene oder wütende Männer. Immer lauter wird der Schrei: „Weg von hier! Zurück in die Heimat! Dort ging es uns schlecht, aber hier verrecken wir!“ Nur zehn Prozent der ersten Siedler bleiben an der Transamazônica. Neunzig Prozent verlassen die teils fruchtbaren Böden.

Die meisten kommen nicht weit und suchen in Altamira nach einem besseren Leben. In den Randbezirken der Stadt beginnt für sie allerdings ein Favela-Dasein mit Hunger und Elend. Die Männer finden keine Arbeit, verlassen ihre Familien, um in einer Goldgrube endlich den ersehnten Schatz auszuheben. Wenn schon nicht Gold, die Malaria finden sie sicher!

In den ersten Monaten schickt mancher dieser Männer gelegentlich noch eine Nachricht an die Familie. Zu besonderen Anlässen sogar einige Cruzeiros. Plötzlich wird jeder Kontakt abgebrochen. Ist der Mann krank oder wurde er umgebracht? Schämt er sich, ohne Geld zu Frau und Kindern heimzukehren? Lebt er nun mit einer anderen Frau zusammen und „gründet eine neue Familie“? Niemand weiß genau Bescheid.

Eines ist gewiß, seine Frau bleibt allein zurück, mit einer Schar Kinder und einem traurigen Schicksal. Mindestens einmal in der Woche kommen solche Frauen zum Patreshaus von Altamira und erflehen, um „Gottes und seiner heiligen Mutter willen“, eine Unterstützung für ihre nun vaterlosen Kinder.

Ein Geldschein ist nicht unbedingt die beste Lösung. Deshalb haben wir ein „Programm für Familien in Not“ ausgearbeitet. Sozialarbeiterinnen gehen zu den Ärmsten der Armen, bringen einen Lebensmittelkorb, helfen bei der Kinderbetreuung und geben Anweisungen für die Gesundheitsvorsorge. Hin und wieder hört man den

Vorwurf, das sei Paternalismus. Muß bei unserem Einsatz aber nicht auch die samaritanische Dimension zum Tragen kommen? Die prophetische Anklage struktureller Mißstände ist unbestritten und notwendig. Wir werden weiterhin, wie seinerzeit der Prophet Amos im Nordreich Israel, die Verantwortlichen für Not und Tod am Xingu anprangern und die Rechte des armen Volkes einklagen: „Der Herr brüllt von Zion her, aus Jerusalem läßt er seine Stimme erschallen." (Am 1,2) Eine Protestrede bringt jedoch nicht gleich ein Stück Brot oder einen Topf Reis. Was nützt den Frauen ein Vortrag über soziale Ungerechtigkeiten, wenn sie bis zum Bauch im Wasser stehen und für Reiche die Wäsche besorgen, während ihre Jüngsten bettelnd durch die Straßen ziehen und ihre halbwüchsigen Töchter erste „Erfahrungen" in Nachtbars und Bordellen machen? Hier ist direkte Soforthilfe gefragt.

Ein neuer Frauenbegriff wurde in Altamira geprägt: „Goldwitwe". Der Mann lebt zwar noch, ist aber in einer Goldgrube verschollen. Ein weiteres Frauenschicksal als Ableger der Transamazônica!

Andere Familien schnüren mit den Reisesäcken ihre Hoffnungen und Träume und kehren damit per Anhalter auf den Ladeflächen der Lastwagen in die Dürre des Nordostens zurück. Mit dem Präsidenten Médici haben sie eines gemeinsam: Die Tränen! Sie weinen allerdings nicht aus geheucheltem Mitleid, mit dem der General seinen „militärischen Verstand" verbrämte, sondern aus purer Verzweiflung.

Einige bleiben und verdingen sich bei den Großgrundbesitzern als Taglöhner, eine neue Art von Sklaverei, obwohl jegliche Form von Leibeigenschaft bereits im vorigen Jahrhundert offiziell abgeschafft wurde.

Die zweite Epoche der Kolonisierung beginnt.

Finanzkräftigere Leute aus den südlichen Bundesstaaten Rio Grande do Sul, Santa Catarina und Paraná, aus dem zentralbrasilianischen Goiás und Minas Gerais und aus Espírito Santo im Osten des Landes kaufen die zum Teil bereits gerodeten Parzellen großflächig auf. In konzentrischen Kreisen breiten sich immer mehr Fazendas aus.

Wenn auch aus der Ferne, so blickten Bodenspekulanten längst mit Argusaugen auf diese Region. Die Pioniere der ersten Tage zahlten hier hohes Lehrgeld. Ihre Parzellen mit den urbar gemachten Landstrichen geben sie um einen Bananenpreis an die wirtschaftlich Mächtigeren ab und werden deren Sklaven.

Die Großgrundbesitzer setzen auf ausgedehnte Viehwirtschaft und beanspruchen viel Land dafür. Wenn Amazonien für etwas nicht taugt, dann ist es für großangelegte Viehzucht. Für ein Rind sind bis zu sechs Hektar Weideland erforderlich. Dazu muß das Gras erst gepflanzt werden. Ein Großbetrieb braucht mehrere tausend Hektar. Mit anderen Worten: Von Oktober bis Dezember werden an der Transamazônica weiterhin gigantische Regenwaldstücke das Opfer der Flammen.

Kleinere Landwirte setzen auf Zuckerrohranbau. Die Roterde scheint dafür geradezu geschaffen zu sein. Ende der siebziger Jahre breiten sich Zuckerrohrplantagen aus. Viele Siedler atmen auf und glauben, mit den Einnahmen aus der Zuckerrohrernte nun endlich das Überleben ihrer Familien sichern zu können. Am Kilometer 94 wird eine Fabrik für die Zuckerrohrverarbeitung gebaut. Um die Herkunft der Finanzmittel zu dokumentieren, erhält diese Riesenanlage den Namen „Abraham Lincoln“. Die Fabrik wird wenig später von den staatlichen Stellen an das private Unternehmen „CONAN“ aus Pernambuco veräußert. Der Kreislauf des Elends setzt sich wieder in

Bewegung. Die Firma will nicht von den Bauern abhängig sein, sondern eigene Zuckerrohrplantagen anlegen. Dazu braucht sie das Land der jetzigen Pflanzer. Und dafür scheint jedes Mittel gut genug zu sein.

Im Februar 1983 werden zwei Bauern umgebracht. Manoel und Antônio forderten für ihre Arbeit von CONAN einen gerechten Lohn. Die grausame Ermordung sollte dem Volk einen Denkzettel verpassen. Verstümmelt, mit abgeschnittener Zunge und ausgestochenen Augen, verscharrten die Mörder die Leichname nur oberflächlich am Rande einer Plantage. Zwei Tage später geben kreisende Aasgeier ein untrügliches Zeichen. Die als abgängig geltenden Männer werden gefunden. Ein grauenhafter Anblick.

Die Karfreitagsliturgie in diesem Jahr ist ein siebenstündiger Kreuzweg. Tausende Menschen kommen von nah und fern. Auch die Polizei hatte davon Wind bekommen. Telefonisch werde ich vom Kommandanten der Militärpolizei des Bundesstaates Pará aufgefordert, die „Demonstration“ abzusagen. „Solche Aktionen gefährden die öffentliche Ordnung und Sicherheit“, sagt er mir. Ich gebe zu bedenken, daß es sich um Kreuzweg und Karfreitagsliturgie handelt. Davon verstand er wenig oder gar nichts. Dies war mein erster Kontakt mit den „Gesetzeshütern“ dieser Breitengrade. Im Laufe der Jahre kam ich immer mehr zur Überzeugung, daß für die Polizei Gesetzesvorschriften und Menschenrechte genau so wenig bedeuten, wie die Partitur von Beethovens Neunter Symphonie für eine Schweineherde.

Genau zwei Monate später, am 1. Juni, werde ich von derselben Militärpolizei niedergeschlagen und festgenommen. Beim polizeilichen Verhör fragte mich ein Major, ob sich der Kreuzweg geändert habe. Als Kind hätte er manchmal an einer solchen Andacht teilgenommen. Das sei aber nicht im Freien, sondern in der Kirche gewesen, mit „schönen Bildern" an den Wänden und „innigen Passionsliedern". „Ja, der Kreuzweg hat sich geändert", gab ich ihm zur Antwort. „Jesus ist nicht mehr auf Bildern gemalt. Er ist lebendig gegeißelt, geschlagen, angespuckt, geohrfeigt, gekreuzigt in all diesen Menschen an der Transamazônica." Das verstand der Major nicht. „Vieles hat sich in ‚unserer' Kirche geändert", meinte er beiläufig und schüttelte den Kopf.

Die polizeiliche Unterweisung am Telefon dauerte fast eine Viertelstunde. Ich ließ mich nicht einschüchtern. „Der Kreuzweg wird stattfinden!" beharrte ich. „Liturgische Vorschriften sind nicht Angelegenheit der Polizei!" Die Antwort von der anderen Seite der Telefonleitung: „Dann sind Sie für eventuelle Zwischenfälle und Gewalttätigkeit verantwortlich!" „Ja", erwiderte ich, „ich übernehme die Verantwortung für einen friedlichen Ablauf des Kreuzweges unter einer Bedingung, daß kein einziger Polizist erscheint! Sollte auch nur ein uniformierter Polizist aufkreuzen, dann mache ich Sie für alle Folgen verantwortlich. Die Leute hier haben ihr Vertrauen in die Polizei längst verloren, weil diese immer für die Großgrundbesitzer gegen die kleinen Siedler und Zuckerrohrpflanzer Partei ergriffen hat. Ich will keinen Uniformierten beim Kreuzweg sehen! Haben Sie verstanden?" schloß ich das Gespräch ab. „Wie Sie wollen!" war seine kurze Antwort und er legte den Hörer auf.

Karfreitag! Eine brütende Hitze liegt über Medicilândia. Es ist bereits Mittag, als ich im Pfarrhaus ankomme. Zwei Herren wollen mich sprechen: Sigismundo und Antônio Teixeira. Mir wird unheimlich zumute, denn Sigismundo hat mehrere Mordanschläge auf dem Gewissen. Antônio Teixeira ist jedoch ein unbescholtener Zuckerrohrpflanzer. „Nun, was gibt es?" Sigismundo erklärt kurz:

„Wir möchten unsere Hilfe anbieten.“ Ich bin überrascht: „Welche Art von Hilfe?“ „Na, man kann nie wissen! Wir haben erfahren, daß die Firma aus Pernambuco den Kreuzweg verhindern will. Wenn man dich angreift, werden wir reagieren!“ Ich versuche zu erklären, daß ich nie in meinem Leben Gewalt mit Gewalt erwidern wolle und nicht einverstanden sei, wenn andere dies für mich tun. „Wir erinnern uns heute an den Tod Jesu am Kreuz. Hat er nicht zu Petrus am Ölberg gesagt: ‚Steck dein Schwert in die Scheide‘?“ (Mt 26,52) Die beiden sahen sich gegenseitig an und Sigismundo meinte schließlich lakonisch zu Antônio Teixeira: „Dom Erwin ist nicht einverstanden und kann es wohl auch nicht sein. Wir werden nach unserem Gewissen handeln müssen!“ Sie verabschieden sich. Jeder der beiden trägt eine Umhängetasche.

Um zwei Uhr nachmittags beginnt der Kreuzweg. Am Kilometer 94, dort wo die beiden Familienväter ermordet wurden, lesen Katechistinnen die Lesung aus dem Propheten Jesaja: „Keine Gestalt hatte er und keine Schönheit, daß wir auf ihn geschaut hätten. Er hatte kein Aussehen, daß er uns gefallen hätte. Verachtet war er, von den Menschen gemieden, ein Mann der Schmerzen, mit Krankheit vertraut.“ (Jes 53,2-3)

Die Leidensgeschichte nach Johannes folgt in Dialogform. Dann setzt sich die Prozession in Bewegung. Die großen Fürbitten werden auf die nächsten Stationen aufgeteilt. Zutiefst erschüttert mich die vierte Station: Jesus begegnet seiner Mutter. Frauen haben diese Station vorbereitet und nehmen sie zum Anlaß, all ihr Leid und ihre Angst in die Welt hinauszuschreien. Wie gut können sie die Mutter Jesu verstehen! Diese Not und die grenzenlose Ohnmacht kennen sie aus eigener Erfahrung. Sie selbst tragen ein schweres Kreuz und sehen, wie ihren Männern und Söhnen das Kreuz aufgeladen wird, tagaus, tagein! Das Kreuz der Männer wird zum Kreuz der Frauen, das Kreuz der Frauen zum Kreuz der Männer!

Auf einmal verfinstert sich der Himmel. Ein Wolkenbruch prasselt auf uns hernieder. Der Weg durch die Zuckerrohrfelder wird zum Bach. Das Wasser steigt bis über die Knöchel. Der lehmige Boden wird schlüpfrig. Leute rutschen aus und fallen hin. Sie stehen wieder auf. Ihre Kleider, schon durchnäßt, sind jetzt durchtränkt vom schlammigen Wasser. Jesus fällt das erste Mal unter dem Kreuz. Jesus fällt das zweite, dritte Mal. Er steht wieder auf und geht seinen Weg weiter bis nach Golgatha. Die zwölfte Station ist die Kreuzverehrung: „Eis o lenho da cruz…" – „Seht das Kreuz, an dem der Herr gehangen, das Heil der Welt". Ich halte nun meine Ansprache zum Karfreitag.

„Es ist vollbracht! Und er neigte das Haupt und gab seinen Geist auf." (Joh 19,30) Jesus ist tot. Seine Lippen sind verstummt. Schon beim Verhör vor Pilatus hat er geschwiegen, als dieser zwar seine Hände wusch, aber dennoch aus Feigheit die Kreuzigung zuließ. Außerhalb der Mauern von Jerusalem, verurteilt von den politischen und religiösen Machthabern, gibt Jesus sein Leben am Kreuz dahin. Er zog von Ort zu Ort und predigte die Frohe Botschaft. Seine Worte von Gerechtigkeit, geschwisterlicher Liebe, Autorität als Dienst und nicht als Unterdrückung, wurden zur Hoffnung der Armen. Seine Botschaft wird den Mächtigen zur mahnenden Anklage, ja zur Provokation. Er „verführt das Volk" (Lk 23,2), urteilten sie. So wird Jesus festgenommen, gegeißelt, mit Dornen gekrönt, zum Tode verurteilt und stirbt am Kreuz.

Wir sehen seinen Leib zwischen Himmel und Erde, ausgestreckt ans Kreuz genagelt, aus tausend Wunden blutend. Am Fuß des Kreuzes die Mutter Jesu. Das Urteil, das Jesus traf, durchdringt ihr Herz wie ein Schwert. Die Weissagung des greisen Simeon im Tempel geht in Erfüllung. Teuer bezahlt Maria, den Ausruf im Hause ihrer Cousine Elisabeth: „Er stürzt die Mächtigen vom Thron... und läßt die Reichen leer ausgehen". (Lk 1,52-53) Maria wird zur „Mutter der Schmerzen". Wie oft wenden wir uns in Angst und Drangsal an diese „Mãe das Dores" und bitten um ihre Hilfe.

Liebe Schwestern und Brüder, richten wir jetzt hier an der Transamazônica unseren Blick auf die Nägel, die den Leib Jesu durchbohren und ihn ans Kreuz heften. Rohe, ungeschliffene Nägel können nützlich sein, beim Bau eines Hauses oder einer Brücke. Wir brauchen Nägel, um Gegenstände aufzuhängen oder unsere Hängematte auszuspannen. Hier aber werden Nägel zu Folterwerkzeugen, die einen Menschen festnageln, verletzen, verwunden, töten. Wir alle kennen diese Folternägel in unserer nächsten Umgebung und aus eigener Erfahrung.

Es sind die Nägel unverschuldeter Armut und Verelendung, die Familien hier an der Transamazônica ins Fleisch getrieben werden, wenn man ihnen gerechte Löhne vorenthält, die abgelieferte Ernte nicht ausbezahlt, sie unterdrückt und versklavt.

Es sind die Nägel des Hungers und der Krankheit, Nägel, die Kinder schon im Mutterschoß durchbohren.

Es sind die Nägel des Analphabetismus, der Unwissenheit, die Menschen eingedrückt werden.

Es sind die Nägel der Diskriminierung von Indianern und Schwarzen, der Ausgrenzung und Herabwürdigung der Frauen, die tiefe Wunden schlagen.

Es sind die Nägel, die von Grund und Boden vertriebene Landarbeiter verbluten lassen.

Alle diese Nägel sind die Folterwerkzeuge, die heute

Jesus in den Armen und Ausgegrenzten, den Verelendeten und Unterdrückten an der Transamazônica aufs Neue martern. Nägel, die festnageln, verletzen, verwunden, töten.

Wann wird dieser Karfreitag endlich vorübergehen und der Ostermorgen anbrechen, an dem wir den Triumph des Lebens über den Tod, den Sieg der Liebe über den Haß, der Gerechtigkeit über Ungerechtigkeit, des Guten über das Böse, des Friedens über den Krieg feiern können?

Trotz aller Todesmechanismen, die uns umgeben, glauben wir an das Leben. Trotz aller Hoffnungslosigkeit und Verzweiflung, hoffen wir wider alle Hoffnung. Und einer haßerfüllten, selbstsüchtigen Welt zum Trotz wollen wir geschwisterlich miteinander verbunden sein und einander lieben bis zum Ende, wie Jesus uns geliebt hat.

Der Regenschauer ist vorbei. Die Sonne schaut noch einmal kurz zwischen den Wolken hervor. Aber bald hebt die Dämmerung an, die hier in Äquatornähe recht kurz ist. In einer halben Stunde ist es finster. Alle wußten, daß der Kreuzweg bis in die Nacht dauern wird und haben darum Kerzen mitgenommen. In der Dunkelheit wird der Kreuzweg zu einer Lichterprozession.

Wir kommen zur vierzehnten Station. An diesem Ort waren die entstellten Körper von Manoel und Antônio verscharrt worden. Hier feiern wir Kommunion und fühlen und wissen: Wir gehören zusammen. Die Gemeinschaft endet nicht am Rand dieses Zuckerrohrfeldes an der Transamazônica. Mit Jesus, dem gekreuzigten und auferstandenen Herrn, sind wir unterwegs, und mit ihm und durch ihn mit allen verbunden, die an ihn glauben, ob sie leben oder schon heimgegangen, oder grausam aus diesem Leben gerissen worden sind. In der Eucharistie sind wir alle vereint und erhalten Kraft und Mut, den

Kreuzweg Jesu immer wieder zu gehen in der Hoffnung auf die Auferstehung.

Erst nach neun Uhr abends kommen wir nach Medicilândia zurück. Die Lehmflecken an meiner Tunika sind auch nach mehrfachem Waschen nie mehr aus dem Stoff verschwunden. Sie bleiben als Erinnerung an den unvergeßlichen Kreuzweg.

Gott sei Dank, es gab keinen Zwischenfall! Die Pistoleiros der Firma CONAN bekamen es wohl selbst mit der Angst zu tun, als sie da plötzlich an die dreitausend Menschen des Weges ziehen sahen. Die Militärpolizei hielt sich an meine Anweisung. Ich habe keine Uniform zu Gesicht bekommen.

Sigismundo und Antônio Teixeira nahmen mit geschulterter Umhängtasche am Kreuzweg teil. Ich verlor sie nicht aus den Augen. Was war der Inhalt dieser Taschen? Ich habe sie nicht danach gefragt. Aber sicher waren es keine Kerzen, Gebetbücher oder Jausenbrote.

Solidarität kennt keine Grenzen

Ich nähere mich dem Kilometer 23. Dort erinnert ein Kreuz an den „Unfall" vom 16. Oktober 1987. Von weitem ist das Kreuz auf der Anhöhe zu sehen. Es sind nun schon einige Jahre vergangen. Dennoch wird mir immer eigenartig zumute, wenn ich diesen Ort passiere. Beim Vorbeifahren bekreuzige ich mich und alles ist wieder gegenwärtig. Ich spüre einen sonderbaren Druck im Gesicht und auf dem Brustkorb. Die schrecklichen Augenblicke laufen wie ein Film in meinen Gedanken ab: Ich war mit Pater Salvatore, Pater Matthäus und Dona Sônia zur Eucharistiefeier unterwegs. Salvatore feierte sie nicht mehr unter den Gestalten von Brot und Wein. Sein Leben gab er hin für das Volk Gottes am Xingu, ganz besonders für die Jugend, die ihn so sehr liebte.

Einige Minuten nach dem „Unfall" war bereits ein Rechtsanwalt – mit einem Straßenpolizisten „zu Diensten" – zur Stelle. Diese Eile war mehr als verdächtig! Wie war es zeitlich und geographisch möglich, so schnell am Ort des Geschehens zu sein? Die einzig plausible Erklärung: Beide waren vom Vorhaben informiert und hatten wahrscheinlich den Unfallbericht „vor"bereitet. Wochen später, als ein Rechtsanwalt aus Belém in die Akten Einsicht nehmen wollte, waren die Protokolle von den ersten Erhebungen unauffindbar. Wo waren die Aufzeichnungen geblieben? Wenn sie nicht zerrissen oder verbrannt wurden, wanderten sie wohl in das „tote" Archiv der Sicherheitsstellen, wo sie in den von Termiten zerfressenen Schubladen vermodern.

Zwei Operationen und sechs Wochen Spitalsaufenthalt setzten mich sozusagen außer Gefecht. Am 24. November diktierte ich einen Brief an die Delegierten der Pastoralversammlung, die zu dieser Zeit im Bildungszentrum Betânia tagten. Ohne es zu beabsichtigen, wurde dies mein erster und bisher einziger „Hirtenbrief". Er wurde in allen Kirchen und Kapellen, Pfarren und kleinen Basisgemeinden verlesen:

Liebe Schwestern und Brüder,

Heute schreibe ich Euch vom „Hospital Guadalupe". Genauer gesagt, diktiere ich Schwester Erenil, da mir das Schreiben zu große Schmerzen bereitet. Mit diesem Lebenszeichen will ich Euch auch meine Verbundenheit während der nächsten Tage zum Ausdruck bringen. Ihr seid ja jetzt in Betânia versammelt und überlegt, wie wir unsere pastorale Arbeit in den nächsten Jahren gestalten werden. Jesus Christus weist dem Volk Gottes am Xingu den Weg. Der Geist Gottes spricht zu uns inmitten all dieser Konflikte und schmerzlichen Heimsuchungen.

Einen ausführlichen Beitrag kann ich diesmal nicht liefern. In unserem bisherigen pastoralen Handeln haben wir einige Erfolge erzielt. Ich weiß aber auch, daß manches neu überdacht werden muß. Unser erstes und vorrangiges Anliegen ist stets das Wohl der Menschen am Xingu, denen wir dienen wollen. Ich bin überzeugt, daß Euch diese Versammlung innerlich stärkt und Ihr in der Kraft der Gnade Gottes mit neuem Mut und Eifer in Eure Gemeinden zurückkehren werdet.

Am Fest des Heiligen Kaspar, Gründer der Kongregation, in deren Spiritualität ich aufgewachsen bin, wurde ich operiert. Der Eingriff dauerte mehrere Stunden. Anschließend verbrachte ich zwei Tage auf der Intensivstation. Mit Metallfäden ist der Unterkiefer an den Schläfen befestigt worden. In den letzten 33 Tagen konnte ich den Mund nicht öffnen und nur flüssige Nahrung durch ein Röhrchen zu mir nehmen.

Zunächst dachte ich, daß ich doch an der seit Monaten

geplanten Pastoralversammlung teilnehmen kann. Aber es ist alles anders gekommen! Über fünf Wochen liege ich nun schon hier und es verging kein Tag ohne heftige Schmerzen. Am schlimmsten waren die vielen schlaflosen Nächte.

Beim Unfall hatte ich den Tod vor Augen. Es war kein bleicher Totenschädel. Nein. Das blutüberströmte Antlitz unseres Herrn Jesu war gegenwärtig. Diese Erfahrung am 16. Oktober ließ mich stundenlang über unsere Sendung und Aufgabe nachdenken, über unseren Einsatz und unser pastorales Handeln. Ich erinnerte mich dabei, daß der älteste Teil und Kern der vier Evangelien nicht die Reden und die Wunder unseres Herrn sind, sondern gerade die Passionsgeschichte: sein Leiden, sein Tod am Kreuz und dann die überwältigende Botschaft des Ostermorgens: „Der Herr ist wahrhaft auferstanden!“ (Lk 24,34).

In jeder Eucharistie feiern wir das Gedächtnis des Todes und der Auferstehung des Herrn. Wir brechen das Brot, den „Leib, der für euch hingegeben wird“. Wir erheben den Kelch, „das Blut, das für euch und für alle vergossen wird“ und rufen aus: „Deinen Tod, o Herr, verkünden wir und deine Auferstehung preisen wir, bis du kommst in Herrlichkeit.“

In den letzten Jahren sind immer mehr Verpflichtungen auf mich zugekommen. Ich besuchte die Gemeinden, hörte an langen Abenden die Klagen des Volkes, gab Ratschläge und machte Mut. Der Indianermissionsrat der Bischofskonferenz forderte meinen Einsatz und die Mitarbeit bei vielen Versammlungen. In Brasília verhandelte ich mit Abgeordneten und Senatoren. Im In- und Ausland wurde ich von Gruppen, Pfarren, Diözesen, Organisationen und Universitäten zu Tagungen, Seminaren und Referaten eingeladen. Ich unternahm alles mir Mögliche, damit die Rechte der Indianer endlich in der neuen Verfassung Brasiliens verankert würden. Jetzt, nach beinahe 500 Jahren seit der Ankunft der Europäer auf diesem Kontinent!

Die Verleumdungskampagne gegen den Indianermissionsrat, als Folge seines Einsatzes bei der Ausarbeitung der Verfassung, setzte mir sehr zu. Bergwerksgesellschaften, Holzhändler und Großgrundbesitzer waren mit ihren Diffamierungen erfolgreich. Wochenlang lieferten sie Themen für Hetzartikel in verschiedenen Zeitungen. Eine parlamentarische Untersuchungskommission sollte Licht in die ganze Angelegenheit bringen. Bei den Sitzungen kamen allerdings nur unsere Gegner zu Wort. Mit großer Sorgfalt hat der Indianermissionsrat ein umfangreiches Dossier ausgearbeitet, in dem die Anklagen, die Verleumdungen, die Unwahrheiten und Unterstellungen Punkt für Punkt widerlegt waren. Jeden Tag wartete ich auf die Einladung zur Stellungnahme vor der Untersuchungskommission. Da geschah eben dieser Unfall.

Bauern und Siedler an der Transamazônica hatten in Brasil Novo eine Demonstration organisiert. Sie forderten von den zuständigen Behörden die längst versprochene Ausbesserung der Nebenstraßen. Die Erfahrungen vergangener Jahre steckte ihnen noch tief in den Knochen. Während der Regenzeit wird der Urwald zum Gefängnis. Kranke müssen oft 40 bis 50 Kilometer weit in Hängematten an die Hauptstraße gebracht werden. Das Rundholz, an dem die Hängematte mit den Kranken baumelt, verursacht bei den Trägern aufgeriebene und blutende Schultern. Ihr alle kennt solche Fälle.

Am zweiten Tag dieser Protestkundgebung war eine Eucharistiefeier geplant. Ich folgte der Einladung, als Ausdruck meiner Solidarität mit diesen Leuten. Auf halber Strecke zwischen Altamira und Brasil Novo kam es zum tragischen Ereignis. Seit der Einlieferung ins Krankenhaus ist mir klar, daß der Unfall meinen Alltag abrupt geändert hat. Gott führte mich ein in das Geheimnis des Leidens. Mit einem Schlag erfuhr ich, wie schwach und gebrechlich wir sind. Alles im Leben ist so relativ. Ich nehme das Leid und die Schmerzen an und verstehe sie als Opfer für das Volk Gottes am Xingu, für die Indianer und die Kirche der Armen in Brasilien.

Ein unvergeßlicher Eindruck überragt alles: Pater Salvatore starb an meiner Seite. Ich blutete aus Mund und Nase, die Zähne waren eingeschlagen. Gesicht und Brustkorb waren eingedrückt, ich rang nach Atem. Ich klopfte meinem Mitbruder auf die Schulter und rief seinen Namen: Salvatore! Tore! Tore! Es kam keine Antwort. Salvatore war tot.

Wenige Minuten zuvor noch eine gemütliche Unterhaltung und Scherze. Plötzlich, im Bruchteil einer Sekunde, ist dieser junge, begeisterte, für jeden Dienst verfügbare Priester an meiner Seite tot.

Meine Lieben, wir können hier nur die Worte von Mutter Deiana wiederholen, die sie am Grabe ihres Sohnes in Ardauli, einem kleinen Dorf in Sardinien, ausrief: „Non capisco, ma sia benedetto il Signore, sia benedetto!" („Ich kann das nicht verstehen, aber: Gepriesen sei der Herr! Er sei gepriesen!")

In diesen Wochen im Spital erhalte ich unzählige Briefe, Telegramme, Postkarten, die eine tiefe Anteilnahme und Solidarität bekunden. So viele Menschen, Gemeinden und Gemeinschaften beten um meine Gesundheit. Das rührt mich zutiefst und ich danke Euch von Herzen für das Gebet und Eure liebende Sorge.

Ich hoffe, daß ich die morgige Operation gut überstehe, denn bald möchte ich wieder am Xingu sein. Gott schenke mir die Kraft, das Kreuz zu tragen für das Volk, das ich so sehr liebe.

Euch allen ganz herzliche Grüße. Abraços!

In Dankbarkeit, Euer Bruder

Ein Jahr später besuche ich die Familie Deiana in Sardinien. Mit der Gemeinde Ardauli feiere ich Eucharistie. Vor dem Gottesdienst gehe ich mit den Angehörigen zur letzten Ruhestätte von Pater Salvatore. Die Mutter betet leise, der Vater schweigt und die Schwestern legen Blumen auf das Grab. Ich knie nieder und wiederhole in meinem Herzen die Worte der Mutter bei der Beerdigung: „Non capisco, ma sia benedetto il Signore, sia benedetto!“

Die Insel im Mittelmeer schimmert im wärmenden Licht der Morgensonne. Ardauli liegt wie ein Schwalbennest am Steilabhang eines Berges angeschmiegt. Vom Friedhof aus sieht man weit über das Land. In der Ferne glaube ich das Meer zu erblicken. Es ist wohl eine Täuschung. Oder vielleicht sehe ich es doch, das Meer, das uns mit fernen Stränden verbindet und vom Grab dieses jungen Missionars die Brücke bildet zum Ort seines selbstlosen Wirkens, bevor er grausam aus unserer Mitte gerissen wurde.

Ich finde das Meer beeindruckend, seit ich, im November 1965 von Hamburg aus, das erste Mal dem Kreuz des Südens entgegenfuhr. Es ist so einzigartig, in die Weiten des Meeres zu tauchen. Wann kommt das Ende? Der Horizont ist nicht abgegrenzt. Niemand kann sagen: da drüben hört es auf, dort hat alles sein Ziel erreicht! Das Meer der endlosen Wasser ist Symbol einer Liebe und Solidarität, die weder Grenzen noch Einschränkungen kennt…

Der Esel, der Bauer und ich

Brasil Novo ist eine der ersten Agrovilas der Transamazônica. Seit einigen Monaten ist diese auf dem Reißbrett geplante Siedlung eine eigene Gemeinde. Neben dem Hauptort gibt es etwa vierzig kleinere Dörfer im Gemeindegebiet. Bischof Erich errichtete hier 1977 die Pfarre vom „Leib und Blut Christi".

Heute ist Fronleichnam, das Kirchweihfest. Ich fahre am frühen Morgen von Altamira ab. Es ist sehr rutschig, ähnlich wie bei Glatteis in Österreich. Die Nacht über hat es geregnet. Als ich bei einem Steilstück zur Auffahrt ansetze, sehe ich auf halber Höhe einen Omnibus, der allem Anschein nach nicht vom Fleck kommt. Mein Auto hatte bisher keine Schwierigkeiten, aber beim Versuch, den Omnibus zu überholen, habe ich Pech. Die Reifen des Omnibus rauchen bereits. Um vorbeizukommen, muß ich die festgefahrene Spur verlassen. Ich bin gezwungen, ganz an den Straßenrand zu fahren. Das Erdreich ist hier noch aufgeweichter. Der Omnibus zuckt und zittert, als ob er von einem Schüttelfrost überfallen wäre, schafft es einen halben Meter nach vorn, fällt wieder zurück, spult und heult erbärmlich. Der Lenker wechselt scheinbar den Gang, tritt in das Gaspedal und plötzlich entkommt er dem Morast und fährt weiter.

Ich wollte ausweichen und bleibe hängen. Was soll ich tun? Dicht am Abgrund! Es geht steil zu einem Bach hinunter. Ich komme mir vor wie Maximilian in der Martinswand: keinen Schritt nach vor und keinen zurück! Allein sitze ich im Dreck!

Ein Kleinbus kommt aus der Gegenrichtung und fährt an mir vorbei. Die Insassen winken mir zu. Die Gesichter einiger Männer sind mir bekannt. Ich bin überrascht und entsetzt. Warum bleiben sie nicht stehen?

Es ist hier üblich, daß man sich bei Pannen gegenseitig hilft.

Es kommt ein Jeep vom Nationalen Institut für Agrarreform (INCRA). Das weiße Nummernschild ist der Beweis dafür. Diese Leute – sie werden „Herr Doktor“ genannt – jagen immer von einem Termin zum anderen, haben es stets eilig. Deshalb ist ihnen ein stekkengebliebenes Fahrzeug gleichgültig. Es bleibt nicht einmal Zeit zu fragen, was los sei.

Sie nehmen auch niemanden mit. Dazu fällt mir ein tragisches Ereignis aus den ersten Jahren der Transamazônica ein. Ein Bauer mußte sein krankes Kind nach Altamira zum Arzt bringen. Stundenlang war er bereits im Urwald unterwegs. Selbst ein Sumpfgebiet hatte er mit dem fiebernden Kind auf den Schultern durchquert. Vom Fieber entkräftet konnte es sich nicht einmal an der Stirn des Vaters festklammern. Seine Arme fielen schlaff auf die Brust des Vaters herunter.

Es gab damals noch keinen Omnibus. Jeder Transport hing vom guten Willen des Fahrers ab. Weitere Stunden setzte der Vater den Weg auf der Hauptstraße fort. Immer wieder gab er einem Jeep von INCRA das Zeichen zum Anhalten. Der Fahrer zeigte jedesmal mit dem Daumen nach unten und hüllte ihn und das vom Fieber brennende Kind in eine Staubwolke. Als sich dann doch jemand der beiden erbarmte und sie mitnahm, war es bereits zu spät. „In seinen Armen, das Kind war tot!“

Eigenartig. Dieses „Institut für Agrarreform“ hat noch immer keine gerechte Landverteilung in die Wege geleitet, geschweige denn zustande gebracht. Ein Bataillon von Sachverständigen und Ingenieuren produziert Statistiken, Berichte und Pläne. Ihre Versammlungen, Besprechungen und Begehungen verschlingen seit Jahrzehnten hohe Beträge aus der Staatskasse.

Ich warte und warte. Auf einmal kommt ein Bauer auf seinem Esel des Weges und sieht mich. Er erkennt die Situation, zieht die Zügel und steigt ab. „Ach, Bischof, du hängst ja schrecklich im Dreck!“ ist sein spontaner Kommentar zur Sachlage, „aber wir drei werden da gleich Abhilfe schaffen!“ „Wir drei?“ frage ich etwas verwundert, da ich ja außer dem Bauern niemanden sehe. „Na ja“, meint er lächelnd, „sind wir nicht drei: der Esel, du und ich?“ Er spannt den Esel mit einem Seil an die Stoßstange. „Zieh an!“ befiehlt der Bauer dem Esel, während wir beiden, Nummer zwei und drei im Bund, mithelfen, das Fahrzeug aus dem Dreck zu bringen. Der Esel tut das Seine, wir das Unsere. Auf einmal ist mein Auto wieder mitten auf der Straße. „Gute Weiterfahrt!“ wünscht der Bauer. Dankbar verabschiede ich mich. Dem Esel streiche ich über den Hals, dem Bauern klopfe ich auf die Schultern. Der Esel nickt, der Bauer umarmt mich.

Mit einiger Verspätung komme ich in Brasil Novo an. Die Kirche ist berstend voll. Es dampft. Die Leute warten auf die Prozession und waren besorgt. Hoffentlich ist nichts Außergewöhnliches passiert!

Für den Festgottesdienst hatte ich eine Predigt vorbereitet. Ich halte sie aber nicht, sondern erzähle den Leuten das Gleichnis vom barmherzigen Samariter, das ich heute ganz konkret erlebte. Ich schildere, wie ich plötzlich mit meinem Auto im Dreck aufsaß. Da kam ein Kleinbus voll bekannter Leute. Sie sahen mich am Straßenrand und fuhren vorbei. Dann kam ein Jeep. Die Insassen sahen wohl auch meine Not, aber nahmen keine Notiz von meiner Situation. Dann kam ein „Samariter“ des Weges, ein Bauer der Transamzônica, sah mich „und hatte Mitleid“.

Jesus erzählt das Gleichnis vom barmherzigen Samariter (Lk 10,25-37) auf die Frage eines Gesetzeslehrers, der ihn auf die Probe stellen will: „Meister, was muß ich tun, um das ewige Leben zu gewinnen?“ Jesus stellt eine Gegenfrage: „Was steht im Gesetz?“ und der Gelehrte antwortet mit dem Hauptgebot der Liebe zu Gott und dem Nächsten. (Dtn 6,5 und Lev 19,18) Jesus lobt die zutreffende Antwort. Gottesliebe kann man nicht von der Liebe zum Nächsten trennen. Es sind gleichsam die zwei Seiten derselben Münze. Aber der „Doctor iuris canonici“ des Alten Testamentes ist noch nicht zufrieden und stellt eine Zusatzfrage: „Und wer ist mein Nächster?“ Jesus liefert nun keine Definition, sondern erzählt die Geschichte jenes Mannes, der auf seiner Reise von Jerusalem nach Jericho überfallen wird. Nur ein vorbeikommender Samariter hat ein Herz für den Zusammengeschlagenen. Die Samariter sind in den Augen der Juden Glaubensabtrünnige und deshalb aus ihrer Gemeinschaft ausgeschlossen. Und der verachtete Samariter kümmert sich weder um Herkunft und Rasse des Opfers und hilft spontan. Jesus stellt die Schlußfrage, wer für den Überfallenen der Nächste war. Der Gesetzeslehrer bringt kleinlaut hervor: „Der, der barmherzig an ihm gehandelt hat.“ „Dann geh und handle genauso!“ fordert ihn Jesus auf.

Es sind immer wieder die Kleinen, die Ausgeschlossenen, die Benachteiligten, die Zukurzgekommenen, die vom Pferd steigen und nicht vorbei können, wenn sie jemanden in Not sehen. Sie haben hier eben mehr Erfahrung als die Großen, für die alles „machbar“ zu sein scheint. Vielleicht hat Jesus die Armen gerade deshalb „selig“ gepriesen, weil sie „sanftmütig“, „barmherzig“ und „reinen Herzens“ sind. (vgl. Mt 5,1-10)

Kirchlicher Orden für „blutige" Sozialarbeit

Auf meinem Terminplan war für die kommenden Tage die Versammlung der Bischöfe von der Region Nord II eingetragen. Um halb neun Uhr abends sollte Abflug nach Belém sein, aber das Flugzeug hatte drei Stunden Verspätung. Das ist nichts Außergewöhnliches, ich war sogar froh darüber. So blieb mir noch ein wenig Zeit, um zur Ruhe zu kommen. Die letzten Tage waren sehr anstrengend. Gemeindebesuche, Besprechungen mit MitarbeiterInnen, Büroarbeit, Korrespondenz und zwischendurch viele Telefonate.

Für das Kofferpacken brauche ich nicht allzu lange. Der Koffer liegt seit dem letzten Besuch in einer Gemeinde noch geöffnet auf dem Fußboden. Während der Tage in Altamira lebe ich gelegentlich aus dem Koffer. Vor der nächsten Abreise fülle ich ihn dann nur mit Wäsche und den jeweiligen Arbeitsunterlagen auf.

Als ich gestern die Sitzungsmappe durchsah und die Tagesordnung studierte, war für mich schon klar, daß ich wieder mit dem Protokollschreiben beauftragt würde. Für Dom José Patrício, den Vorsitzenden unserer regionalen Bischofskonferenz, ist es selbstverständlich, daß ich diese Aufgabe übernehme. Vergangenes Jahr meinte ich, nur eine schlechte Protokollführung könnte mich von diesem Amt befreien. Daraufhin entgegnete mir der Bischof von Conceição do Araguaia, mein guter Freund und Schnupftabak-Lieferant, schmunzelnd: „Das ist nicht deine Art."

Nach der feierlichen Eröffnung der Konferenz folgt die Wahl des Sekretärs. Dom José Patrício schlägt mich für dieses Amt vor und ich werde „gewählt". So muß ich eben nach den Sitzungen einige Stunden Mehrarbeit leisten. Während die anderen Bischöfe längst Feierabend haben, erstelle ich die täglichen Zusammenfassungen und Berichte.

Jeden Tag gibt es fünf Protokollseiten, Zeilenabstand eins! Ein wenig hektisch machen mich die Arbeitsbedingungen. Die vorhandene Schreibmaschine verdient diese Bezeichnung nicht. Ständig muß ich nachhelfen, sonst gibt es Abstand zwei beim Zeilenvorschub oder der Abstand fehlt. Zur Erleichterung der Arbeit wurde mir sogar ein Assistent zugewiesen. Er gibt sein Bestes und bemüht sich bis zum Äußersten. Dennoch, seine Unterstützung kostet mich mehr Zeit als ich durch ihn einsparen sollte. Wertvolle Sekunden verstreichen, bis er diesen oder jenen Buchstaben auf der Tastatur ausfindig macht. Auch seine Rechtschreibkenntnisse sind nicht sonderlich lobenswert, sodaß ich jede einzelne Seite noch korrigieren muß. Meine Geduld wird hin und wieder auf die Probe gestellt.

Die Versammlung war sehr arbeitsintensiv und es gab einige tiefgehende Diskussionen. Ein bemerkenswertes Detail: In Kleingruppen wurde unser Beitrag für die Vollversammlung des lateinamerikanischen Episkopats in Santo Domingo, im Oktober 1992, ausgearbeitet. Mit der Erstellung des Endtextes sind drei Priester beauftragt, die als „fortschrittlich“ gelten. Aber, siehe da, zur Beschlußfassung legen sie ein unverbindliches und neutrales Papier vor, in der Meinung, daß diese Ausführungen am ehesten bei den Bischöfen Zustimmung finden würden.

Die Bischöfe waren zur Überraschung der Patres mit dem Text nicht zufrieden, denn sie erwarteten eine klare und unmißverständliche Sprache, gerade was die „Option für die Armen“ betrifft. Sie soll weiterhin der Leitfaden für die Pastoralarbeit in Lateinamerika sein. Man ging Satz für Satz durch und schon beim dritten Absatz kam ein bischöflicher Vorschlag, ich möge diesen Text weiter bearbeiten und ausfeilen. So saß ich noch Stunden an diesem Dokument, während für die anderen schon Nachtruhe war.

Zudem hatte ich den Seminaristen vom Xingu ein gemeinsames Abendessen versprochen. Auf keinen Fall konnte ich diese Einladung rückgängig machen. So ging ich vorher mit den Studenten ins Restaurant. Es war ein gemütliches Beisammensein und die Burschen langten tüchtig zu. Es kam mir vor, als ob sie zunächst kräftig nachholten und dann gleich für die nächste Zeit auf Vorrat aßen. Die Müdigkeit hielt meinen Appetit in Grenzen. Zurück in meinem Zimmer hatte ich noch bis weit nach Mitternacht an dem Dokument zu arbeiten. Der Koffer mußte auch noch gepackt werden, denn gleich nach Ende der Bischofskonferenz hieß es für mich wieder zurück an den Xingu.

Vor einer Stunde bin ich in Altamira angekommen. Antônio, der Generalsekretär des Indianermissionsrates, informiert aus Brasília eben über das Telefon, ein Indianer sei von Pistoleiros erschossen worden. Er werde mir einen Vorschlag für die Presseerklärung gleich per Telefax übermitteln. Und dann folgt noch eine Nachricht, die mir unendlich zusetzt. Kaum einmal war ich so entrüstet und erschüttert wie in diesem Augenblick. Gleichzeitig kam ich mir so wehrlos und ohnmächtig diesem „System" gegenüber vor.

Antônio berichtet: „Der Vatikan hat den Generaldirektor der Bamerindus-Bank mit dem Orden des Heiligen Gregor des Großen ausgezeichnet!" Grund dieser Würdigung: Sein vorbildlicher sozialer Einsatz. Ehre wem Ehre gebührt! Aber dieser Herr Bankdirektor kann alles andere als eine rühmliche Vergangenheit nachweisen.

Es war im April 1987. Wir Bischöfe von Conceição do Araguaia, Marabá, Cametá und Xingu verfaßten einen Protestbrief, in dem wir die Barbarei gegenüber kleinen Bauern im Süden von Pará anklagten.

Unter dem Vorwand, Frieden und Ruhe zu gewährleisten, führte die Polizei wieder einmal eine sogenannte Entwaffnungsaktion durch. Der tatsächliche Grund jedoch war die „Säuberung" der von Großgrundbesitzern beanspruchten Gebiete, von unwillkommenen Siedlern. Die Militärpolizei veranstaltete eine wahre Hetzjagd auf die Landarbeiter und ihre Familien. Aussagen der Betroffenen, ärztliche Zeugnisse, Erklärungen von Behörden und Dokumente der Landarbeitergewerkschaft bestätigten die gewaltsamen Angriffe.

Hauptquartier der brutalen Operation war die Fazenda der Bamerindus-Bank, die selbst großes Interesse an diesem Gebiet zeigte. Von hier aus überfielen an die hundert Soldaten und Pistoleiros in Uniformen der Militärpolizei die Dörfer. Frauen wurden mißhandelt und vergewaltigt. Um Eltern aus Verstecken zu locken, knebelte man ihre Kinder und hängte sie an den Haaren auf. Männer wurden gefesselt, mit Gewehrkolben geschlagen, mit Füßen getreten und gezwungen, Tierexkremente, Zigaretten und stachelige Blätter zu schlucken. Schwangere Frauen und Kinder mußten durch den Schlamm und zwischen Ameisenhaufen hindurch kriechen, während die Schüsse über ihre Köpfe hinwegpfiffen. Die „Polizisten" setzten Tränengas ein. Kirchen und Kapellen wurden beschossen, während man im Inneren der Gotteshäuser Menschen verprügelte. All diese grausamen und menschenverachtenden Handlungen sollten die Leute dazu zwingen, das Land aufzugeben.

Wir Bischöfe konnten solch brutale Mißachtung der Menschenwürde und Menschenrechte durch Mächtige und ihre Helfershelfer nicht länger schweigend hinnehmen und brachten den Skandal an die Öffentlichkeit. Die Anklage wurde auch international verbreitet.

Der Generaldirektor der in diese Ereignisse verwickelten Bamerindus-Bank hatte vor einigen Monaten seine Kandidatur für den Nationalkongreß bekannt gegeben. Nun, eine Woche vor dem Wahltag, wird dieser Bankier für seine Verdienste im Sozialbereich mit einem vatikanischen Orden ausgezeichnet, überreicht durch den päpstlichen Nuntius. „Die Kirche mischt sich nicht in politische Angelegenheiten ein!“ wird von römischen Zentralstellen immer wieder festgestellt.

Die Presse dokumentiert in ausführlichen Bildberichten die Überreichung der Insignien durch den Nuntius. An der Seite des ordenbehangenen Bankdirektors lächeln der Nuntius, der Erzbischof von Curitiba und der Bischof von Ponta Grossa zufrieden aus den Zeitungen. Sind diese Fotos der Beweis, daß sich die Kirche nie auf Parteipolitik und Wahlpropaganda einläßt?

Anhängern und Vertretern der Befreiungstheologie wird ihr gesellschaftspolitisches Engagement längst angelastet. Die Sendung der Kirche sei eine rein religiöse, heißt es.

In Amazonien werden Leute mißhandelt, vertrieben, unterdrückt und versklavt und ein dafür Verantwortlicher wird unmittelbar vor der Nationalratswahl mit einem Orden für soziale Verdienste geehrt. Auf welcher Seite steht denn diese Kirche? Nein, nicht die Kirche, sondern einige ihrer Amtsträger!

Ich sehe die Post durch. Es sind mehrere Briefe aus dem Süden Brasiliens dabei, mit Zeitungsberichten von der feierlichen Ordensübergabe. Eine Frau schreibt dazu: „Lieber Dom Erwin! SehenSie bitte in den beiliegenden Zeitungsartikeln das Antlitz unserer Kirche! Gott möge sich der Kirche in Paraná erbarmen!" In einem anderen Brief steht: „Tatsachen, wie die Ordensverleihung an den Generaldirektor von Bamerindus, zeigen uns, daß in unserer Kirche, während die einen ihr Blut vergießen, damit das Reich Gottes Wirklichkeit werde, einige andere im Schafsfell und sogar mit dem Hirtenstab im Dienste der Unterdrücker und Leuteschinder stehen!"

Als wir damals im April 1987 unseren Protestbrief veröffentlichten, meinte der Erzbischof von Curitiba, wir Bischöfe in Pará seien wohl schlecht informiert gewesen.

„Herr, erbarme dich deiner Kirche!" Manche Reben in unserer Kirche verdorren und sterben ab, weil sie sich vom Weinstock trennen (vgl. Joh 15,1-17) und die befreiende Botschaft unseres Herrn Jesus Christus vergessen. Verstümmelte Hände sind jedoch am Geld eines Bankiers interessiert, der, wie gesagt wird, dem Vatikan unter die „Arme" greift, aber die „Armen" aussaugt und mißhandeln läßt. Wird er dafür mit einer Auszeichnung gelobt?

Ich denke an die Opfer der damaligen Entwaffnungsaktion. Welcher Schmerz wird ihnen nun von der Kirche zugefügt?

Während auf Laien, Priester, Ordensleute und Bischöfe „Kopfprämien" ausgesetzt sind, bekommen Verantwortliche für die Verletzung von Menschenrechten „Vatikanprämien"! Welcher Platz wird diesen Ungerechten beim Jüngsten Gericht zugewiesen werden?

„... als Frau und Mann erschuf er sie!"

Zwei Tage meiner Reise ins Hinterland von Porto de Moz sind bereits vorbei. Ich bin zufrieden, wenn auch viele Dinge über mich hereinbrachen, die mir zu schaffen machten und mich empörten. Zunächst bin ich am Acaraí-Fluß. Früh am Morgen kam ich hier an. Die Reise während der Nacht war diesmal angenehmer. Der Fluß war ruhig. Es gab kein Gewitter und so schlief ich ausgezeichnet in meiner Hängematte.

Für meinen Besuch wurde ein Lied komponiert und der Text war natürlich dem Bischof gewidmet. Die rhythmische Melodie brachte vor allem die jungen Leute in Bewegung.

Ein lustiger Brauch in dieser Gemeinde ist die Erfindung von Spitznamen. Für jede und jeden wird einer ausgedacht, sogar für den Bischof. Die Leute lachen und nennen mich „Urutau". Das ist ein Vogel, der bei einbrechender Dunkelheit singt und dem es gelingt, beinahe die ganze Tonleiter, sogar mit Zwischentönen, zu pfeifen. Pater Nicola wird hier als „Puraqué" geneckt: Zitteraal! Diesen Namen finde ich passend, wenn ich an seine süditalienischen Gesten und manche verbale Seitenhiebe denke, die er „um des Reiches Gottes willen" austeilt.

Nach zwei Jahren bin ich jetzt wieder in Pedreira und die Ameisen sind nicht weniger geworden. Dieser Ort ist wegen der emsigen, kleinen feurigen Tiere berühmt-berüchtigt. Man hat bald seine liebe Not, sich gegen die vielen Ameisen zu verteidigen, die da an den Füßen hinaufkriechen und ihre ätzende Flüssigkeit auf der Haut ausbreiten. Sie zeigen eben ihren Unwillen gegen Störenfriede. Also schnell in den Schulsaal, der zugleich Kapelle ist. Dort gibt es weniger Unannehmlichkeiten.

Die Versammlung dauert von acht bis Punkt zwölf

Uhr. Bis sich da jede Gemeinde vorgestellt hat, dauert es einige Zeit. Aber ich will ja genau erfahren, was hier los ist und welche Probleme es gibt. Manchmal muß ich den Leuten die Informationen beinahe aus dem Mund ziehen, Fragen stellen, weiterbohren und sie zum Reden ermuntern.

Ein paar Monate sind es nur her: Da kam es zu einer furchtbaren Messerstecherei an diesem Fluß. Eine Versammlung wurde von „Andersdenkenden“ überfallen. Die Angreifer waren zudem völlig betrunken. Eine buchstäbliche „guerra de foíce no escuro“ ereignete sich. Ein „Krieg mit Sicheln im Finstern“, wie man in Brasilien sagt, also eine Messerstecherei im Dunkeln. Jeder schlug mit seinem Buschmesser wild um sich. Der eine zur Verteidigung, der andere als Angreifer. Das Resultat: Ein Toter und mehr als ein Dutzend Verletzter, einige sogar mit schweren Bauchwunden. Am anderen Morgen sah es aus wie auf einem Schlachtfeld. Blutlachen am Boden, die Wände mit Blut verschmiert! Die Verletzten wurden in kleinen Motorbooten, eine Tagesreise entfernt zur Erste-Hilfe-Station gebracht. Wie durch ein Wunder erlag kein weiteres Opfer den Verletzungen. Dieser Vorfall hat die Gemeinde in Aufruhr gebracht. Die Frauen und Männer sind völlig durcheinander und es wird noch lange dauern, bis sich die Leute vom Schrecken erholt haben und die Wunden vernarbt sind.

Nestor, der Koordinator dieser Gemeinde, war monatelang schwer angeschlagen. Mehrere Wochen verbrachte er in einem Spital und war dann auswärts bei Bekannten, wo er nach und nach wieder zu Kräften kam. Erst seit kurzem ist er zurück und geht seinen Aufgaben nach. Gott sei Dank!

Der Schmerz und die Tragik dieses Unglücks zeichnen ihn. Die Spuren des Verbrechens haben sich in sein

Gesicht und Gemüt geprägt. Dennoch höre ich die Anwesenden oft und oft sagen, Nestor hätte diesen und jenen Rat erteilt, die Gemeinde ermuntert, Familienzwist geschlichtet, bei Schwierigkeiten geholfen. Und Familienstreit ist hier eines der größten Probleme! Familien wurden zu Todfeinden. Was mir besonders auffällt, wie nirgends bisher, ist die Gewalttätigkeit von Männern ihren Frauen gegenüber.

Ehen zerbrechen, weil der Mann, betrunken oder nüchtern, seine Frau grün und blau schlägt oder ihr droht, sie in Stücke zu hacken, um damit den Fischen ein Mahl zu bereiten. Grausam! Makaber! Nicht anzuhören! Armut und Misere werden zu Brutalität und Perversion!

Unter solchen Umständen ist die Gemeindearbeit ausgesprochen schwierig und dennoch die einzige Chance, die Menschen zu Menschlichkeit und Solidarität anzuleiten, trotz dieser Verhältnisse. Es ist schrecklich, wie Elend Menschen zu Aggression und Gewalt treibt.

Den ganzen Tag verbringe ich bei dieser Gemeinde. Die Eucharistiefeier mit Firmung ist für den Nachmittag angesetzt.

Bemerkenswert ist, daß nun ein Abschnitt aus der Bergpredigt für das Evangelium ausgewählt wird: Von der Liebe zu den Feinden!

„Ihr habt gehört, daß gesagt worden ist: Du sollst deinen Nächsten lieben und deinen Feind hassen. Ich aber sage euch: Liebt eure Feinde und betet für die, die euch verfolgen, damit ihr Kinder eures Vaters im Himmel werdet; denn er läßt seine Sonne aufgehen über Bösen und Guten, und er läßt regnen über Gerechte und Ungerechte. Wenn ihr nämlich nur die liebt, die euch lieben, welchen Lohn könnt ihr dafür erwarten? Tun das nicht auch die Zöllner? Und wenn ihr eure Schwestern und Brüder grüßt, was tut ihr damit besonderes? Tun das nicht auch die Heiden? Ihr sollt also vollkommen sein, wie es euer himmlischer Vater ist." (Mt 5,43-48)

Ich weiß um den guten Willen und das Bemühen der Frauen und Männer, aber es wird lange Zeit brauchen, bis diese Worte im Alltag zum Tragen kommen. Feindseligkeiten sind nur allzu schwer abzubauen, wenn Blut geflossen ist. Der Drang zu Rache und Vergeltung steckt im Herzen der Verwundeten, die zeitlebens am eigenen Leib Narben als Erinnerung an den ungerechten Angriff tragen. „Verzeihen können, sich versöhnen, ist eine Gnade Gottes, um die wir alle in dieser Eucharistiefeier beten!" sage ich am Schluß meiner Predigt.

Nach dem Gottesdienst gibt es noch einige persönliche Gespräche. Wie erwartet, handelt es sich um Familienprobleme.

Bei Einbruch der Dunkelheit begebe ich mich an Bord und wir fahren etwa eine Stunde flußabwärts. An der Mündung des Acaraí in den Xingu gehen wir vor Anker. Trotz eines starken Gewitters verbringe ich eine ruhige Nacht. In der Morgendämmerung überqueren wir den Xingu, der hier sehr breit ist. Fast eine dreiviertel Stunde brauchen wir bis zum anderen Ufer. Dort biegen wir in den Acaí ein, nach einer halben Stunde flußaufwärts erblicken wir in der Ferne unser nächstes Ziel. Auf einer Anhöhe sind Kapelle, Schule und Gemeindesaal zu erkennen. Von überall her strömen die Leute jetzt ans Ufer.

Mit Liedern werde ich in den Gemeindesaal begleitet, der weiter nichts als ein mit Palmblätter überdachter Unterstand ist. Diesmal wird sogar eine kleine Musikgruppe mit zwei Gitarren, Trommeln und anderem Schlagzeug aufgeboten. Ich bin überrascht, wie viele aus den umliegenden Gemeinden gekommen sind. Manche der anwesenden Familien mußten neun Stunden und mehr hierher rudern. Sie nehmen Platz auf den schmalen Bänken und Stühlen, die aus der Schule herbeigeschafft wurden. Nicht alle können sich „gemütlich" niederlassen. So stehen sie eben stundenlang, denn diese Versammlung dauert bis kurz vor Mittag.

Die Berichte sind hier viel spontaner als die von gestern. Ich muß nicht nachbohren oder Zusatzfragen stellen. Die Vertreter der Gemeinden berichten einfach drauf los. Der staatliche Umweltschutz gerät unter Beschuß. Wie viele andere öffentliche Einrichtungen ist „IBAMA" der Korruption und Mißwirtschaft verfallen. Wenn die kleinen Leute eine Schildkröte als Mittagsmahl verzehren, droht ihnen eine hohe Geldstrafe, wenn sie dabei erwischt werden. Beim Bankett, anläßlich der Amtsübernahme des Staatsgouverneurs, wurden Dutzende Tartarugas verschlungen. Und da war keine staatliche Umweltschutzorganisation zur Stelle und prangerte die Umweltsünde an.

Dem kleinen Siedler ist es streng verboten, auch nur einen einzigen Quadratmeter Wald abzubrennen. Welche andere Möglichkeit bleibt ihm denn sonst, das Land urbar zu machen? Nur Axt, Buschmesser und seine bloßen Hände sind sein Besitz. Internationalen Kreditgebern ist es bisher nie eingefallen, kleine Landwirte zu fördern und ihnen Hilfestellung zu geben, um ausgelaugte und verlassene Böden wieder fruchtbar zu machen. Damit könnte der Brandrodung ein Riegel vorgeschoben werden. Aber kleine Landwirte sind nicht exportfähig und versprechen wenig Gewinn. Weltweit setzt man daher viel lieber auf Großprojekte.

Nebenbei bemerkt: Die Brandrodung, mit der eine Familie kleine Landstreifen urbar macht, hat kaum Einfluß auf das Ökosystem. Die abgebrannten Flächen haben sich immer in relativ kurzer Zeit regeneriert.

Es sind die großen Fazendeiros, die den Regenwald in

Flammen stecken und Tausende von Hektar abbrennen. Der staatlichen Umweltschutzbehörde zahlen sie Schweigegeld und diese tut so, als sei nichts geschehen. Erzürnt reagieren die Beamten, wenn ein Fazendeiro angezeigt wird. Sie fühlen sich gleich selbst bedroht, weil auch sie in den Skandal verwickelt sind.

Ach dieser Widerspruch zwischen Theorie und Praxis! Offiziell zeigt man sich besorgt um den Umweltschutz und spricht von der Bewahrung und Rettung Amazoniens. Diese Täuschung wird aufrechterhalten, um vor Umweltschützern im In- und Ausland besser dazustehen: „Para inglês ver!", ein beliebtes brasilianisches Sprichwort: „Damit der Engländer was zu sehen hat." Und der Engländer vertritt hier alle Nationen.

In Wirklichkeit aber werden die Armen ausgebeutet und in ihrem Überleben bedroht, während sich Großgrundbesitzer mit Schmiergeldern aus der Affäre ziehen. Gerade sie sind es, die Amazonien ausbeuten und mißhandeln. Sie werden es weiter tun. Siebzig Prozent aller Brandrodungen in Amazonien gehen auf das Konto der Großgrundbesitzer. Wer wird ihnen das Handwerk legen?

Bei dieser Versammlung sind mir die vielen Frauen ganz besonders aufgefallen. Sie melden sich gerne zu Wort. Eine von ihnen mehr als mir lieb ist, denn sie holt so weit aus, daß der Abschluß ihres Berichtes kaum abzusehen ist. Aber niemanden stört das. Alle hören zu, obwohl sie ihre Geschichte schon auswendig kennen.

Nach der Versammlung sehe ich mich in der „Feldküche" um, ich traue meinen Augen kaum: Nur Männer sind da tätig. Ihre Frauen sitzen bei der Versammlung. Das ist wirklich einmalig! Das Mittagessen – ich muß sagen – es ist ausgezeichnet!

Am Acaí ist also ein neues Zeitalter angebrochen und

der Machismo liegt endlich im Sterben. Wenigstens hier! Ich zog mich an Bord zurück und erholte mich etwas in der Hängematte. Bei meiner Rückkehr, kurz vor drei Uhr, bietet sich mir ein bisher nie gesehenes Bild am Flußufer: Männer stehen im Wasser und reinigen Töpfe, Teller und Kessel, während die Frauen bereits im Saal sitzen und sich ihren Kindern widmen.

Träume ich oder ist das Wirklichkeit? Es ist eine Tatsache, und zu Beginn der Meßfeier lobe ich die Männer. Die Küchenmeister bekommen von ihren Frauen anhaltenden Applaus – sie verdienen ihn. Also, auch so etwas ist möglich, kein Mann ist deswegen weniger Mann.

Wie oft werde ich in Zukunft dieses Beispiel in anderen Gemeinden erzählen! Zwei Stunden Flußreise von hier gibt es wild schlagende Männer, die ihre Frauen auf brutalste Weise behandeln. Hier arbeiten die Männer in der Gemeinschaftsküche, damit die Frauen am Treffen mit dem Bischof teilnehmen können: Welch ein Gegensatz!

Diese andere Erfahrung macht mich glücklich. So eine Begebenheit ist eine kleine Antwort auf die immer wieder nagende Frage: Was bringt's? In dieser Gemeinde hat ein Umdenken stattgefunden. Ein Zeichen der Partnerschaft, der gleichen Würde von Frau und Mann, wird hier konkret gelebt. Ich weiß, daß dieser hoffnungsvolle Ansatz ein Ergebnis der jahrelangen Gemeindearbeit ist. Also doch ein Erfolg!

Vielleicht hört mich doch jemand...

Gestern Abend haben wir nach einer dreitägigen Reise durch den Guajará-Fluß an das andere Ufer des Amazonas übergesetzt. Ich bin nun in Almeirim, einer Stadt, die nicht mehr zum Bistum Xingu gehört, sondern zur Diözese Santarém. Fast jedesmal, wenn ich im Guajará-Gebiet bin, gibt es hier eine Zwischenstation. Von Almeirim nach Tapará, nördlich von Porto de Moz, sind es etwa vier Stunden. Schwestern leiten in Almeirim eine Schule, ich übernachte bei ihnen im Konvent. Heute Mittag geht die Reise weiter, zunächst den Amazonas flußabwärts, dann durch den Urucuricaia-Kanal bis nach Tapará.

Schon im Jahre 1660 scheint dieser kleine Ort am Xingu in den Chroniken der Jesuiten auf. Pater Paulo Luis, einer der ersten Missionare, den Antônio Vieira nach Tapará sandte, fiel einer Tropenkrankheit zum Opfer. Er wurde hier beerdigt. Aber kein Grabstein erinnert an seine letzte Ruhestätte. Die einst blühende Indianersiedlung ist verfallen, nur das Fundament einer alten Kirche gibt Zeugnis vom Wirken der Jesuiten.

Nun aber zurück zu den vergangenen Tagen: In der Comunidade von Carmelino, am Jaraucu-Fluß, gab es beim abendlichen Gespräch so manche „Offenbarung“. Auch von anderen Gemeinden waren Vertreter gekommen; von Jussara, Coati, Cupari und São Pedro do Aquiqui. Der Blick durch die Runde der Versammelten weckte Erinnerungen in mir. Vor über 24 Jahren, als ganz junger Pater, führte mich meine erste „Missionsreise“ in diese Gemeinde. Jene Eindrücke und ersten Erfahrungen mit dem Volk prägten sich tief in mein Herz. Seither sind viele gestorben, aber in den Jungen sehe ich die Gesichtszüge ihrer Eltern. Da vorne sitzt Marinete, Mutter von vier

Kindern. Ich habe sie getauft wie Carmona, der inzwischen mit der Lehrerin Vanderleia verheiratet ist. Hinter ihnen erkenne ich Benedita, eine Katechistin. Die alte Edy von Coati darf bei diesem Treffen natürlich nicht fehlen. Früher saß Dona Rosa an ihrer Seite; sie ist längst tot.

Die ersten melden sich und berichten ganz offen und klar von ihren Sorgen und Nöten: Es ist vor allem die straflose Ausbeutung der Natur, der Wälder und der Flüsse. Für die Bevölkerung sind diese rücksichtslosen Eingriffe eine große Gefährdung ihrer Existenz.

In der Ecke ergreift eine kleine Frau das Wort. Sie ist vielleicht 1,40 m groß und geht in der Menge fast unter, nicht aber ihre zündende Rede. Im Saal ist es mucksmäuschenstill, als sie beginnt. Socorro, als Kind schon ein kleines, zappeliges Mädchen, wurde zur Verteidigerin der Rechte dieses Volkes. Sie ist streitbar wie eine Tigerin, reist nach Altamira und Belém, um bei den staatlichen Stellen die rechtmäßige Unterstützung und Hilfeleistung einzuklagen: medizinische Versorgung, Unterrichtsmittel, gerechte Löhne für die LehrerInnen, Instandhaltung der Flußläufe für den Bootsverkehr. Mit allen möglichen Versprechen wird sie immer wieder auf das nächste Mal vertröstet. Unendlich traurig und empört muß sie zur Kenntnis nehmen, daß sie doch nur an der Nase herumgeführt wird. Ihr Einsatz zieht Kreise – sie wurde und wird bedroht! Auch in diesen Tagen, als sie Schutz vor der Plünderung der Wälder fordert. Holzhändler dringen widerrechtlich in die Waldgebiete ein und beauftragen Forstarbeiter, alle Edelhölzer zu schlägern, ohne Rücksicht auf die nicht wiedergutzumachende Zerstörung der Mit-Welt. Socorro schreit, klagt und protestiert. Sie bittet um meine Solidarität in ihrem Kampf gegen Ausbeutung, Zerstörung und Verwüstung.

Der Auftritt von Socorro hat andere ermutigt, sich in die Diskussion einzubringen. Weiter geht es mit den Klagen der Fischer: „Unsere Angeln bleiben leer. Nur selten verirren sich kleine Tucunaré, Bacu oder Surubim in unsere Netze. Die Prachtexemplare sind längst aussortiert." Die großen Fische landen nur noch in den engmaschigen Netzen jener Unternehmer, die im Auftrag internationaler Konzerne mit ihren Kühlschiffen die heimischen Flüsse plündern.

Die Leute regen sich auf, protestieren bei den Behörden, aber es geschieht nichts. Warum geschieht nichts? Es ist der Bürgermeister, der solch rechtswidrige Vorgangsweisen deckt, weil er daraus Vorteile zieht. Was kann da das Volk der Kleinen tun? Wenn Bürgermeister, Gemeindevertreter, Richter, Umweltbehörden, die im Namen dieser Menschen auftreten und dieses Volk und seine Anliegen verteidigen sollten, zu Helfershelfern dieser teuflischen Ausbeutung und Plünderung werden?

Die Gemeinde „Nossa Senhora dos Anjos" ist die nächste Station meiner Pastoralreise. Nach der Eucharistiefeier in Carmelino fahren wir flußaufwärts. Die Entfernung bis dorthin ist nicht groß, aber eine starke Gegenströmung verzögert die Ankunft. Ganze sechs Stunden sind wir unterwegs, bis wir in den Una einbiegen. Kurz vor dem Ziel begegnen wir einigen überfüllten Booten. Auch sie steuern wie wir zum Kirchlein „Nossa Senhora dos Anjos". Nicht nur die Mitglieder dieser Gemeinde, sondern viele andere Familien, die entlang des Una-Ufers siedeln, versammeln sich hier.

Auch an diesem Ort kommen mir Gedanken an längst vergangene Tage. Vor über zwanzig Jahren war ich zum ersten Mal am Una-Fluß, die Freude über die Ankunft des Paters war damals sehr groß, hatte doch mehr als vier Jahre lang kein Priester dieses Gebiet besucht. Junge

Frauen und Männer, längst schon verheiratet, kamen, um einander das Sakrament der Ehe zu spenden, und natürlich gab es viele Kinder zu taufen. Ein Großteil der Eltern entscheidet erst bei der Taufe den Vornamen für die Kinder. Einer Mutter gefiel ganz besonders mein Name. Sie wählte ihn deshalb für ihren Sohn und bat mich, diesem Kind Taufpate zu sein.

Erwin, inzwischen 24 Jahre alt, ist bereits verheiratet. Ein arger Leistenbruch macht ihm bei seiner schweren Arbeit zu schaffen. Die ersten Anzeichen des Bruches hätten sich schon im Kindesalter gezeigt, aber da er nun immer mehr Schmerzen verspüre, sei es höchste Zeit, etwas zu unternehmen. Das berichtet mir seine Mutter und bittet mich, ob ich da als Taufpate nicht helfen könne. Ich lade mein Patenkind nach Altamira ein und werde gleich nach meiner Rückkehr bei einem befreundeten Arzt vorsprechen.

Die Versammlung am Abend dauert nicht allzu lange. Zwischendurch werden Lieder gesungen. Die Berichte der Leute sind kurz gehalten, denn sie wollen von mir viel lieber Erklärungen hören über Vorgänge und Probleme, mit denen sie täglich konfrontiert sind. Ich versuche, auf die Fragen einzugehen.

Während meiner Ausführungen fällt mir in der ersten Bankreihe ein etwa 18-jähriger mongoloider Bursche auf, der hin und wieder lächelt und dann wieder gähnt. Auf einmal beginnt er mich nachzuahmen. Es scheint, daß ihn meine Hand- und Armbewegungen, mit denen ich meine Worte unterstreiche, beeindruckt haben. So entschließt er sich nun plötzlich, alle, ja wirklich alle meine Gesten nachzuahmen, und zwar mit verblüffender Genauigkeit.

Ich erhebe meine Hände. Er erhebt die seinen. Zeichne einen Kreis in die Luft. Er auch. Ich greife an meinen

Kopf. Er macht dasselbe. Ich rücke meine Brille zurecht, er tut so, als ob er eine Brille im Gesicht hätte und sie auf der Nase nach oben schieben müßte. Ich streiche mein Haar zurück. Er beginnt seine Strähnen mit den Fingern zu ordnen. Ich erhebe den Zeigefinger. Er findet diesen Finger an seiner Hand und streckt ihn aus. Ich stütze meine beiden Ellbogen auf die Knie, er begibt sich in dieselbe Stellung.

Zunächst fühlte ich mich durch diese scheinbar endlose Nachahmung gehemmt, da ich ja nicht sprechen kann, es sei denn, meine Hände tun mit. Als ich aber sah, daß niemand diesen jungen Mann als störend empfand, sprach ich weiter, erklärte, gestikulierte und war im Grunde überrascht, daß mir dieser Bursche, trotz seiner Behinderung, so viel Aufmerksamkeit schenkte.

Was ich hier erfahre, ist nichts Neues. Die Männer haben sich auf den Holzhandel eingelassen, in der Hoffnung, damit mehr Geld zu machen. Sie vernachlässigten deshalb ihre Felder und wurden immer mehr von Holzhändlern abhängig. So fällen sie nun Bäume und schleifen sie an den Fluß, wo sie dann als vier bis fünf Meter breite Riesenflöße von einem Schlepper in das nächste Sägewerk gezogen werden.

Die dafür bezahlten Löhne spotten jeder Beschreibung. Noch schrecklicher ist es, daß wegen der Holzarbeit die Felder nicht mehr bestellt werden, und so die Grundnahrungsmittel fehlen. Der kärgliche Ertrag aus dem Holzhandel reicht bei weitem nicht aus, den Tisch zu decken.

Die Leute werden doppelt betrogen. Der Preis pro Kubikmeter Holz wird bis ins Lächerliche gedrosselt. Mit allen Tricks versuchen die Holzkäufer noch weitere Abzüge herauszuschinden: Der Stamm sei hohl, zu dünn, zu schwammig und so weiter. Dieselben Händler sind dazu noch Kaufleute und bereisen mit ihren prallvollen Warenschiffen die Gegend. Für die lebensnotwendigen Güter, die sie zum Verkauf anbieten, lassen sie die Preise bis ins Astronomische hinaufschnellen. Es scheint kein Entrinnen aus diesem Teufelskreis zu geben. Ich bitte die Leute, vom Holzgeschäft abzulassen und endlich ihre Felder zu bestellen, Reis und Maniok anzubauen, Schweine und Hühner zu halten. Das bringe ihnen viel mehr. Gemeinsam mit ihnen stelle ich die Rechnung an.

Damit sie künftig nicht mehr über's Ohr gehauen werden, erkläre ich, wie groß ein Baumstamm sein müsse, um einen Kubikmeter zu ergeben: 4 Meter in der Länge und knapp drei Spannen im Durchmesser. Die Männer sind einigermaßen überrascht, daß ich davon etwas verstehe. Na ja, als ich seinerzeit in Feldkirch die Schulbank drückte, hatte ich längst nicht geahnt, daß ich die Formel „$r^2\pi$ mal der Länge“ in einer „bischöflichen Unterweisung“ einmal brauchen könnte. Mein damaliger Lehrer, Professor Köpf, ist sicher erfreut über seinen Schüler.

Anderntags bei der Abreise bittet Dona Neusa, sie einige Stunden weiter flußabwärts bis in ihr Haus mitzunehmen. Natürlich! Auf der Reise erzählt sie mir von einem jungen, mageren Pater, der vor mehr als zwei Jahrzehnten diesen Fluß bereiste und sehr fröhlich und herzlich war. Sie habe ihn nie vergessen. Dieser sei ich gewesen! Sie entsinne sich genau.

Kurz vor Erreichen unseres Zieles wird der Austausch unserer Erinnerungen jäh abgebrochen. Ein Junge am Ufer gibt Zeichen zum Anhalten. João, der Steuermann, verringert die Geschwindigkeit. Der Bub, ein Enkel von Dona Neusa, kommt angerudert und sprudelt los: „Lourival ist tot! Erschlagen von einem Baum, den er fällte! Gestern nacht wurde er gefunden und ist in seinem Haus aufgebahrt!“ Man erwarte Dona Neusa dort. Sie beginnt zu weinen. Lourival ist ihr Nachbar, Vater von drei Kindern, das älteste fünf Jahre alt.

Leid und Not gehörten längst schon zum Alltag dieses Mannes. Bei einem Arbeitsunfall im Wald verlor er seinen rechten Unterarm. Trotz dieser Behinderung entwickelte er mit der linken Hand eine solche Fertigkeit, daß er bei der Forstarbeit wieder die Axt schwingen konnte. Eine Überlebensfrage, für ihn und seine Familie! Er besaß kein Land, und so war das Holzschlägern die einzige Möglichkeit für ihn, seine Frau und Kinder zu ernähren.

Ach, das Leben ist so hart und unbarmherzig hier! Es scheint keinen Ausweg zu geben. Lourival ist tot. In mir bäumt sich alles auf. Eine grenzenlose Ohnmacht überfällt mich, angesichts dieser ungerechten Strukturen, die Leben auslöschen und unmöglich machen. Wie kann ich da zusehen? Was soll ich tun?

Ich habe Angst, dem Leichnam gegenüberzustehen. Nicht weil ich Tote nicht ansehen kann, sondern weil ich weiß, daß mir solch ein Anblick das Herz zerreißt.

Wir kommen zum Haus. Ein Pfahlbau inmitten eines Sumpfgebietes, unweit des Ufers. Viele kleine Boote sind am Landesteg angebunden. Im Haus drängen sich die Leute aus der Nachbarschaft, um die Angehörigen zu trösten. Es ist sehr heiß, ein süß-säuerlicher Geruch liegt in der Luft. Ich muß alle meine Kräfte zusammennehmen, um gegen die aufkommende Übelkeit anzukämpfen. Lourival, oder das, was sterblich an ihm ist, liegt auf einem Tisch, barfuß mit zerrissenen Fußsohlen.

Frauen und Kinder haben Blumen gebracht, um den Leichnam zu schmücken. Sie stecken die von der sengenden Sonne zum Teil bereits verwelkten Blüten in die Hosentaschen und neben die Ohren des Toten. Einige Blumenblätter liegen auf der mit einem Stoffetzen nur spärlich bedeckten Brust. Der Gesichtsausdruck des Toten ist ein einziger Schmerzensschrei, der eine Ewigkeit zu dauern scheint.

An der Kopfseite steht der Bruder des Toten. Ein starker, braungebrannter Mann mit üppigem Haarwuchs. Seine Augen sind vom Weinen rot.

Als er mich sieht, beginnt er zu weinen wie ein Kind. Umständlich fährt er mit seiner von knotigen Schwielen verunstalteten Hand über das Gesicht und schneuzt sich am Hemd. Er starrt mich an und schluchzt: „Du weißt doch, wer das ist? Es ist mein Bruder!" „Ja, ich weiß es! Ich kenne euch von früher, als ihr am Acaí-Fluß gelebt habt." Erst vor einigen Tagen war ich wieder an diesem Fluß. „Wo ist Lourivals Frau?"

Man führt mich in einen nur spärlich beleuchteten Raum. Die Fensterläden sind geschlossen. Nazaré sitzt da, in ihrem unbeschreiblichen Leid, untröstlich, leise vor sich hinwimmernd; andere Frauen weinen laut. Ich reiche ihr meine Hand, die sie zaghaft ergreift.

Ich spüre das kleine Händchen dieser jungen, von Schmerz überwältigten Frau, halte es fest und stottere etwas von Beileid. Dann schweige ich, denn ich weiß nichts mehr zu sagen. Mein Kinn beginnt zu beben und ich würge meine Ohnmacht hinunter.

Langsam gehe ich aus dem Zimmer in den Raum, wo der Tote aufgebahrt liegt. Am Boden ein Sarg. Einige ungehobelte Bretter, zusammengenagelt! Eine Pfanne mit Mehlpapp liegt darin. Eine Frau schickt sich an, den Sarg mit einem blumigen, dünnen Stoff auszustaffieren. Mit einem Löffel streicht sie den Mehlpapp auf die Bretter und klebt dieses billige, hauchdünne Tuch darauf, in das der Mehlpapp einsickert bis der Sarg ein Gemisch von eingravierten Blümchen und Mehlflecken ist.

Während die Frau mit dieser Arbeit beschäftigt ist,

beginne ich den Rosenkranz zu beten, wiederhole die Vaterunser und die zehn Ave Maria und „Herr gib ihm die ewige Ruhe!“. Alle beten mit, die Männer, die Frauen und die Kinder. Ich bin froh, daß sie diese Gebete sprechen können, denn meine Stimme setzt immer wieder aus. Mitten im Ave Maria versagt sie mir.

Beim Rosenkranzgebet kommen mir auf einmal Fragen und ich hadere in meinem Inneren mit dem Herrgott: „Warum läßt du das zu? Diese Leute arbeiten und schuften sich zu Tode und welchen Lohn erhalten sie dafür? Ein Baum erschlägt einen Vater und wer wird nun für die Familie sorgen? Welch ein Elend! Warum? Warum?“ Niemand gibt eine Antwort auf diese ewig neu gestellte Frage.

Immer und immer wieder murmeln die Leute: „Heilige Maria, Mutter Gottes, bitte für uns Sünder...“. „Sind diese Leute überhaupt ‚Sünder‘?“ frage ich mich. So arm, so elend und ausgemergelt! Wenn sie irgendwelche Sünden begangen haben, sind sie längst in Not und Schmerz geläutert. Hier auf dieser Welt sind sie ungerecht verdammt, in einer Hölle zu leben. Für diese Menschen muß es ein ewiges Leben geben, ganz besonders für sie!

Ich spreche die Totengebete und den Segen. Im Raum macht sich Verwesungsgeruch breit, denn es ist ja schon nachmittags, drei Uhr. Vermutlich ist Lourival gestern um zehn Uhr vormittags gestorben. In knappen Sätzen erzählt dann sein Bruder vom traurigen Ereignis, so gut er es eben kann, zwischen Schluchzen und Schneuzen.

Wie sie abends auf einmal in Sorge waren: Die Sonne sank und Lourival war noch immer nicht zurück. Es wurde dunkel und bei seinen Angehörigen stieg die furchtbare Ahnung auf: Etwas ist passiert! Sie brachen auf, ruderten bis zum Wald und suchten nach ihm. „Lourival, Lourival!“ Oft und oft riefen sie seinen Namen und lauschten. Nichts! Keine Antwort! Nur quakende Frösche im Sumpfgebiet, krächzende Nachtvögel im Wald und aufgescheuchte kreischende Affen. Bis sie auf einmal im Lichtkegel der Taschenlampe die Axt sahen. Sie lugte aus dem Astwerk eines gefällten Baumes hervor und einige Schritte daneben lag Lourival, blutüberströmt, tot!

Und da zeigt der Bruder auf die Wunde. Ich kann kaum hinblicken. Der Hinterkopf ist gespalten, als ob er einen mächtigen Axthieb erhalten hätte. Die glatten, dunklen Haare hatte man über die tiefe Kerbe gestrichen.

Dann fragen mich die Leute, ob es Zeit für die Beerdigung sei. Ich versuche, ihnen klar zu machen, daß man nicht mehr länger warten dürfe. Die gesetzliche Frist von 24 Stunden sei ja längst abgelaufen. So legen sie Lourival in den Sarg.

Ein aus Booten bestehender Leichenzug setzt sich in Bewegung. Etwa zwei Ruderstunden flußabwärts auf dem Festland ist der Friedhof. Winzigkleine, blau oder weiß getünchte Kreuze, ohne Namen, weisen auf die letzte Ruhestätte der Armen dieses Flusses hin. Ja, ohne Namen! Und weshalb sollte es auch Namensschilder geben? Die Leute können ja weder lesen noch schreiben! Sie merken sich das Grab eines Angehörigen eben durch die Lage auf dem Friedhof: unter diesem Baum, da liegt der Vater, die Mutter, der Gatte, die Ehefrau. Hinter jenem Strauch ist ein Kind begraben, ein Bruder, eine Schwester, ein Arbeitskollege. Alle arm, bis in den Tod!

Unser Bemühen, gegen das Elend anzukämpfen, ist und bleibt ein Tropfen auf den heißen Stein! So lange die Strukturen der Ungerechtigkeit nicht geändert werden, solange sich Reiche auf Kosten dieser Elenden rücksichtslos bereichern, gibt es für diese Menschen keine Zukunft. Elend werden sie geboren, elend sterben sie. Zwischen Geburt und Tod durchlaufen sie alle

Etappen des Elends und sterben schon, während sie leben.

„Die Hoffnung der Armen ist das kommende Jahr!" hat mir ein Landarbeiter auf dieser Reise gesagt, „aber", so fügte er hinzu, „das nächste Jahr beginnt und vergeht – und wieder hat sich nichts geändert und so geht es wohl weiter bis sich der Herrgott unser erbarmt und uns heimholt!"

Ich will und kann das nicht glauben und lehne mich dagegen auf. Wider alle Hoffnung hoffe ich weiter, daß diese Menschen auch „leben" können und dürfen, daß einmal doch der Tag anbricht, an dem alles anders wird, an dem die Zäune fallen und die Tische sich für alle decken, an dem die Menschen zur Einsicht kommen und endlich geschwisterlich teilen und für die Armen nicht nur die Krümel übriglassen. Vielleicht kommt doch der Tag, an dem diese grausame Welt hinsinkt und einer neuen Welt Platz macht, in der der „Traum Jesu" von Geschwisterlichkeit, Gerechtigkeit und Frieden, das Reich der Liebe und gegenseitiger Solidarität, Wirklichkeit wird.

Der Tod dieses armen Holzfällers am Jaraucu ist ein Auftrag für mich, weiterzukämpfen und gegen das Unrecht aufzutreten.

Vielleicht hört mich doch jemand ...

Erwin Kräutler

„Gott hört den Schrei der Völker: ‚Wir wollen leben!' Eine Kirche, die diesen Schrei überhört oder mit Redeverboten und Schweigegeboten reagiert, verleugnet und widersetzt sich dem Gott Jesu Christi" (Erwin Kräutler).
Ein leidenschaftliches Plädoyer für Würde und Menschenrechte der Indianer, für mehr Gerechtigkeit und eine glaubwürdigere, tiefer in Gott verwurzelte Kirche.
159 Seiten. Herderbücherei, Band 1781.
ISBN 3-451-08781-2

Herderbücherei

Glaube im Gespräch

Marianne Dirks (Hrsg.)
Glauben Frauen anders?
Erfahrungen und Anstöße
Band 1776

Frauen entdecken die Bibel
Herausgegeben von Karin Walter
Band 1788

Jacques Gaillot
Meine Freiheit in der Kirche
Weg und Vision eines unkonventionellen Bischofs
Band 8818

Ernst Gutting
Offensive gegen den Patriarchalismus
Für eine menschlichere Welt
Band 1783

Kurt Marti
Schöpfungsglaube
Die Ökologie Gottes
Band 1795

Ehrhart Neubert
Vergebung oder Weißwäscherei
Zur Aufarbeitung des Stasiproblems in den Kirchen
Band 1785

Herderbücherei

Nähe zum Leben

Ladislaus Boros
Im Leben Gott erfahren
Berührungen
Band 1796

Phil Bosmans
Gott – nicht zu glauben
Vom Kern aller Lebensfreude
Band 1792

Johannes Bours
Der Gott, der mein Hirte war mein Leben lang
Band 1793

Johannes B. Brantschen
Gott ist größer als unser Herz
Auf den Spuren seiner Zärtlichkeit
Band 1789

Carlo Carretto
Warum, Herr?
Erfahrungen der Hoffnung über das Geheimnis des Leids
Band 8820

Carlo Carretto
Wo der Dornbusch brennt
Geistliche Briefe aus der Wüste
Band 1769

Herderbücherei

Heribert Fischedick
Aufbrechen
Schuld als Chance erleben
Band 8819

Bernhard Häring
„Ich habe deine Tränen gesehen“
Ein Trostbuch für Kranke und ihre Wegbegleiter
Band 8806

Carlo M. Martini
Ich bin bei euch
Leben im Glauben nach dem Matthäusevangelium
Band 1799

Walter Nigg
Die Hoffnung der Heiligen
Wie sie starben und uns sterben lehren
Band 1800

Karl Rahner
Gebete des Lebens
Herausgegeben von Albert Raffelt
Band 1797

Mutter Teresa
Gedanken für jeden Tag
Band 1767

Erich Zenger
Mit meinem Gott überspringe ich Mauern
Psalmenauslegungen 1
Band 8810

Herderbücherei

Jesus – Gottes und des Menschen Sohn

Leonardo Boff
Jesus Christus, der Befreier
Band 1782

Wilhelm Bruners
Wie Jesus glauben lernte
Band 1757

Josef Imbach
Wem gehört Jesus?
Seine Bedeutung für Christen, Juden und Moslems
Band 1780

Gerhard Lohfink
Wie hat Jesus Gemeinde gewollt?
Band 1798

Carlo M. Martini
Was allein notwendig ist
Jesusnachfolge nach dem Lukasevangelium
Band 1752

Dem Netz des Jägers entronnen
Wie Jesus sein Leben verstand
Erzählt von Raymund Schwager
Band 8812

Rudolf Schnackenburg
Alles kann, wer glaubt
Bergpredigt und Vaterunser in der Absicht Jesu
Band 1751

Herderbücherei